# 청춘이 나에게
# 인생을
# 묻는다면

# 청춘이 나에게 인생을 묻는다면

100세 시대를
멋지게 살기 위한
인생특강

이현청 글

카모마일북스

책을 내며

# 길기도, 짧기도 한 삶의 여행

우리 삶은 긴 여행입니다. 그러나 의외로 짧은 여행이기도 합니다. 3억 분의 1의 확률로 태어나 어디에서 와서 어디로 가는지 모르는 여행입니다. 그러나 때로는 어디에서 왔는지, 어디로 가는지를 알 듯한 여행입니다. 이처럼 삶의 여행을 하는 동안  우리들은 우리 스스로 행복의 성을 쌓기도 하고 불행의 성을 쌓아가는 삶이 될 수도 있습니다. 삶은 멀리에서 보면 희극이지만 가까이에서 보면 비극같다고 합니다. 가까이 탐색하는 현미경같은 삶보다는 꿈과 희망을 심어가는 망원경같은 삶이 되어야 한다고 합니다.

지금은 100세 시대입니다. 100년을 사는 동안 행복이라는 신기루를 찾아 내일은 더 나을 것이라는 희망을 안고 삽니다. 어떤 삶이 아름다운지, 어떤 삶이 값진지는 알 수 있지만 희망대로 이루어지는 일은 많지 않습니다. 더구나 행복이 무엇인지 정답 또한 없습니다. 인생은 정답이 없는 여행입니다.

어떤 면에서는 가장 불평등한 것이 삶이요, 가장 어려운 수학 공식 같은 것이 우리의 삶입니다. 이렇게 해답이 없는 삶을 살지만 기본은 생각하며 사는 삶이여야 하기에 인생에 관한 읽기노트를 생각해봤습니다. 만약 청춘이 인생을 묻는다면 이렇게 대답하고 싶었기 때문입니다.

무엇보다 우리 삶의 여행에는 지름길이 있는듯 하지만 지름길이 없습니다. 앞서 간듯 하지만 뒤질 수 있고 뒤진듯 하지만 앞서 가는 것이 삶의 여행입니다. 그러나 분명한 것은 끝이 있는 삶의 여행이라는 것입니다. 그 끝 뒤에는 지금보다 더 우리의 선택이 없어지는 새로운 삶의 여행이 기다리고 있습니다. 육체는 흙에서 왔으니 흙으로 돌아가지만 영혼은 다른 여행이 기다리고 있기 때문입니다.

인생을 사는 동안  사랑의 여정이 끝날 때까지 태양이 솟고 달과 별과 바람이 함께 할 것인데 이러한 자연의 소리를 엿듣게 하신 하나님께 다시 한 번 감사드립니다. 그리고 때로는 아픔을 떠올리기도 하고, 기쁨과 은혜를 떠올리기도 하며, 사람들과의 관계를 이해하게 해주신 것도 감사합니다. 무엇보다 삶의 고비마다 함께 하신 것 또한 감사합니다.

이 책은 삶을 사는 동안  경험하고 생각한 것들을 기록한 것입니다. 삶을 사는 동안 삶의 고비마다 격려와 사랑과 응원을 해 주신 모든 분들께 감사드립니다. 아름다운 책으로 출판해 주신 카모마일북스 정윤희 대표와 이윤지 편집자에게 감사드립니다. 무엇보다 아픔을 만져주고, 꿈을 심어주며, 삶을 함께 그려온 삶의 동반자인 김명희 교수께 사랑을 보냅니다. 그리고 삶을 함께 걷고있는 승윤과 상훈 사랑합니다.

2015년 5월

행당동 연구실에서

저자 이현청

# 목차

4부

## 백 년 동안 스무 가지 여행

5부

# 껍질 벗고 떠나기

# 1부 • 만남의 기적

삶의 여행은 만남의 여행입니다.

만남에는 우연이 없습니다.

사람이 만나면 사랑을 낳기도 하고 미움을 낳기도 합니다.

만남은 오감의 축제이기도 합니다.

만남은 피할 수는 있어도 지울 수는 없습니다.

우리 삶은 마음으로 만나는 여행입니다.

# 가족과 마음 키우기

남녘끝자락 어느 마을에 한 아이가 태어났습니다. 이 아이는 태어날 시간도, 태어날 장소도, 주어진 부모도 선택할 수 없이 주어진 삶을 시작하게 됩니다. 지금부터 이 아이의 100년의 긴 여행이 시작된 것입니다.

한 인간이 태어날 확률은 3억분의 1의 확률에 가깝다고 합니다. 어떤 아이는 팔다리도 없이 태어나기도 하고, 어떤 아이는 눈과 귀와 입 모두 듣지도, 보지도, 말하지도 못하게 태어나는 경우도 있습니다. 열 명 중 한 명은 이렇듯 보통 아이들과는 다르게 태어나기도 합니다. 이 아이들은 아픔, 갈등, 미움, 꿈, 그리움을 다 겪으며 100년의 여행을 해야 합니다. 이 아이에게 주어질 단 한 번의 100년의 여행은 자기 뜻대로 사는 경우보다는 주어진 삶의 경우가 많을 것입니다. 이 아이에게는 꿈을 키울 수 있는 시간도 주어질 것이고, 꿈을 실현할 시간도 주어질 것이고, 때론 실패와 좌절의 시간도 주어질 것입니다. 무엇보다 누군가를 가슴깊이 뜨겁게 사랑할 시간도 주어질 것입니다. 100년의 긴 여행은 어디로 가는지, 무엇을 할 것인지, 누구와 함께 할 것인지를 모른 채 시작됩니다.

우리는 보내지고 거두어지는 대상입니다. 자기가 스스로 태어날 수도 없고 삶을 마무리할 수 없습니다. 어떤 이들은 자기 스스로 삶을 거두기도 하지만 그것은 육신을 거둘 뿐입니다. 영혼은 스스로 거둘 수 있는 것이 아닙니다. 그러므로 태어남을 감사하고 태어난 곳마저도 사랑해야하는 것입니다.

크리스마스 때 어느 부모들이 자식에게 '아버지 상자'와 '어머니 상자'를 준다고 합니다. 이 아버지 상자와 어머니 상자 속에는 자식들이 태어난 날의 모습과 그 때 느꼈던 기쁨의 편지와 함께 성장과정, 삶에 필요한 내용들이 가득합니다. 위험할 때 대처 하는 법, 아름다운 이성을 만나는 법, 믿음 좋은 크리스천으로 살아가는 법, 요리법에 이르기까지…. 다양한 삶의 지혜를 담고 있는 상자인데 무엇보다 이들의 자녀들이 탄생할 때의 기쁨을 담은 사랑의 언어들이 전달된다는 것입니다. 이 상자 속에 기쁨을 담은 사랑의 언어들은 자녀들의 탄생의 기쁨과 함께 그 탄생을 위대한 기적의 산물로 기록하고 있다고 합니다. 이처럼 탄생은 위대한 기적이며 위대한 삶의 시작인 것입니다.

탄생은 알 수 없는 길을 떠나는 순례자의 첫 발을 내딛는 일입니다. 이렇게 삶의 여행을 시작하는 아이들은 모두 다른 출발점에서, 다른 모습으로, 다른 부모와 가정환경 속에서 선택할 수 없이 100년의 여행을 시작하게 됩니다. 그러나 100년의 여행이 아름다운 여행이 되는 사람도 있고 슬픈 여행이 되는 사람도 있습니다.

뉴욕의 센트럴 파크에 가면 에드가 엘렌 포우 시인의 묘비가 있다고 합니다. 묘비에는 이렇게 쓰여 있다고 합니다. "그의 능력은 뛰어났으나 그의 삶은 불행하였고, 그의 죽음은 비참하였다." 100년의 여행은 이렇게 끝날 수도 있습니다. 한편, 헬렌 켈러가 자신의 삶을 묘사한 대목은 이렇다고 합니다. "나의 삶은 아름답고, 고마움으로 가득했으며 내 생은 위대하였다." 또 다른 사람의 100년의 여행은 이렇게 아름다울 수도 있습니다.

탄생은 다른 모습으로 선택할 수 없게 주어지고 생애 끝자락에는 다 다른 모습으로 마무리되는 것입니다. 태어남은 모두 새로운 것입니다. 그러나 새로움이 또 새로움을 낳을 때, 위대한 100년의 여행이 될 수 있는 것입니다. 남녘끝자락 이 아이는 이제 젖을 먹고, 이유식을 하고, 부드러운 음식으로 시작해서 거친 음식을 먹게 될 때까지 많은 시간을 다른 사람의 도움을 받아가며 살 것입니다. 요람여행이 시작된 것입니다.

하자스라의 〈아기에게 주는 시〉에서도 사랑하는 아기에게 "저 하늘 멀리 걸쳐있는 무지개 뒤에는 아직 오지 않은 수많은 우리들의 세상이 구름처럼 쌓여 있단다." 라고 말합니다. 그러면서 "어른들은 하루하루를 흘리고 가지만, 태어나 이제 긴 여행을 시작하는 아이들은 하루하루를 먹으며 자란다."고 표현하고 있습니다. 이렇듯 우리의 삶의 여행은 하루하루를 통해 살찌우고 깊이를 만드는 것이지요.

이 아이는 부모, 형제의 도움을 받아가며 성장하기 시작합니다. 키도 커가고, 몸무게도 늘어가고 언어능력도 갖기 시작하고 생각도 하게 됩니다. 이 아이가 가장 먼저 느끼는 감정은 불쾌감입니다. 자기가 필요한 것이 충족되지 않으면, 울어대거나 때를 쓰거나 고집을 피우기도 합니다. 다 불쾌감 때문이지요. 이 아이는 짧게는 7~8년, 길게는 10년 동안은 이렇게 성장을 하게 됩니다. 순탄하게 성장하는 아이들도 많지만, 병 때문에 고생하기도 하고, 중간에 사고 때문에 상처를 입는 아이도 있고, 심지어는 100년의 여행 중간에 기권을 해야 되는 아이들도 있습니다. 이 아이들에게 가장 중요한 것은 심리학과 사회학에서 얘기하는 의미있는 타인(significant others)입니다. 가장 중요한 의미있는 타인은 부모입니다. 그 중에서도 어머니입니다. 어머니와의 애착관계가 형성되지 않으면 올바른 성장을 할 수 없습니다. 아픔을 안고 일생을 살아야 하는 상처투성이의 마음을 갖게 됩니다. 성장과정에서 아이들에게 가장 중요한 것은 부모와의 따뜻한 애착관계입니다. 어머니의 사랑을 듬뿍 받고 성장하는 아이는 올바른 성격을 형성하며 성장하지만, 애착관계형성에 실패한 아이는 외롭고 슬프고 분노하며 성장하기도 합니다. 어머니는 아이가 태어나는데 큰 역할을 하기도 하지만 성장과정에는 더 큰 역할을 하게 됩니다. 그래서 어머니는 아이의 성장통을 만들기도 하고 치유하기도 하는 사람입니다.

이 아이는 심리적인 성장뿐 아니라 신체적으로도 성장하게 됩니다. 심리적 성장과 신체적 성장의 균형이 잡히지 않으면, 이 아이는 100년의 긴 여행이 어려워질 수 있습니다. 미국의 카터 대통령의 어머니는 카터 대통령 취임식에서 많은 기자들이 몰려와 "아드님이 참 자랑스럽겠습니다."라고 했을 때, 반문을 하면서 "어느 아들을 얘기합니까?"라고 대답한 일화를 남겼습니다. 카터 어머니는 어린 카터를 성장시킬 때, 자존심과 남을 배려하는 것, 사랑하는 것을 가르쳤다고 합니다. 일생동안 섬김과 봉사의 삶을 몸소 실천한 카터 대통령의 어머니는 카터의 성장과정에서 흔히 아이들이 겪는 성장통을 완화시키면서 따뜻한 애착관계를 형성한 어머니의 좋은 모델입니다. 이렇듯 성장과정에서 잘 입히고 잘 먹이는 것도 중요하지만, 더 중요한 것은 영혼을 살리는 일입니다.

삶을 사는 데에서는 육체적인 건강도 중요하고, 정신적인 건강도 중요합니다. 정신과 육체가 모두 건강해야 긴 삶의 여행을 성공적으로 마칠 수 있습니다. 그런데 이 모든 건강은 어릴 때 성장과정에서 대부분 형성됩니다. 이 아이는 성장과정에서 지능을 발달시키게 됩니다. 운동지각능력(motor skill)을 발달시키기 위한 수

많은 동작을 하기도 하고 인지발달을 시키기 위한 경험들도 하게 됩니다. 이런 과정을 통해 지능을 발달시키게 됩니다. 이 아이는 지능의 대부분을 이 시기에 형성하게 됩니다. 지능 발달의 마무리는 뇌 활동을 네트워킹하는 파지된 지적능력까지 합하면 20세까지 가게 됩니다.

삶의 여행 가운데서 어머니에 대한 기억과 추억, 그리움과 사랑은 늘 우리 가슴과 머리 속에 많은 부분을 차지하고 있습니다. 어머니에 대한 그리움과 삶의 가운데서의 추억들을 담는 많은 작품과 시들이 있습니다. 이 세상에 태어나 첫 만남이 어머니요, 태내에서의 삶도 어머니와 함께 살았기 때문에 이토록 어머니에 대한 사랑은 애절하고 절절하다고 볼 수 있습니다. 노천명 시인은《사슴의 노래》4집(서문당, 2012)에 실린 〈어머니〉란 시에서 어머니를 이렇게 그리고 있습니다.

성모 마리아를 비롯해서
어머니는 괴로워야 했다

어디서 무슨 일이 났다면
괜히 가슴 철썩 내려 앉는 것

정채봉 시인은《스무살 어머니》(샘터, 2006)라는 시집에서 어머니의 기도를 이렇게 묘사하고 있습니다.

쫓기는 듯이 살고 있는
한심한 나를 살피소서

늘 바쁜 걸음을 천천히 걷게 하시며
추녀 끝의 풍경 소리를 알아듣게 하시고
거미의 그물 짜는 마무리도 지켜보게 하소서

꼭 다문 입술 위에
어린 날에 불렀던 동요를 얹어 주시고
굳어 있는 얼굴에는
소슬바람에도 어우러지는 풀밭같은 부드러움을 허락하소서

책 한구절이 좋아
한참을 하늘을 우러르게 하시고
차한잔에도 혀의 오랜 사색을 허락하소서…(하략)

이 두 시에서도 모두 자기의 모든 것을 바쳐 자식을 사랑하는 어머니의 마음을 담고 있습니다. 이렇듯 인생의 긴 여행 가운데 어머니와의 만남은 숙명적이고, 100년의 여행 가운데 한 순간도 잊을 수도, 지울 수도 없는 마음의 밭이 됩니다.

성장과정에서 가장 아름다운 만남은 어머니와의 만남입니다. 어머니는 아이를 위한 일이라면 목숨을 던질 정도로 헌신적인 경우가 많습니다. 자기는 굶주리고 못 입어도 자녀들에게는 최선의 길을 선택하고 최상의 것을 주기를 원합니다. 그래서 어머니는 위대합니다. 그러나 때론 그렇지 못한 어머니들도 있습니다. 이러한 어머니들이 남긴 아이는 100년의 긴 여행과정에서 미움을 배우기도 하고, 분노를 배우기도 하고 좌절을 배우기도 합니다. 사회에서 문제아가 되기도 합니다. 성장은 시간이 지나면 이루어지는 발달과 다른 면이 많기 때문입니다.

팔도 다리도 없이 몸통만 가진 닉 부이치치는 세 번 자살을 시도하면서 자기의 신체적 결함에 대해 슬픔을 갖고 산 사람입니다. 이 사람은 "나는 직업도, 아내도, 자식도 가질 수 없는 신체조건을 가지고 있는 쓸모없는 인간이다."라고 자조하면서 좌절과 절망 속에 살았습니다. 그러나 그를 세계 모든 사람들에게 희망을 전파하는 인물로 거듭나게 한 것은 부모님들의 사랑이었습니다. 일본의 오토다케 히로타다도 팔다리가 없이 태어났지만 태어난 순간 이 아이를 처음 만난 어머니는 "오 이렇게 아름다울 수가!"라고 말하며 사랑을 통해 이 아이를 훌륭한 인물로 키워냈습니다. 이토록 성장과정에서는 어머니의 큰 사랑과 헌신, 아이와의 끈끈한 애착관계가 성공적인 성장을 이끌게 됩니다.

아름다운 성장은 아름다운 마음과의 만남을 통해 가능합니다. 아름다운 마음의 꽃밭을 이루어 다양한 향기를 내뿜는 꽃들을 피울 수 있기 때문입니다. 성장과정은 홀로 이룰 수 있는 것이 아닙니다. 많은 분들의 기도와 도움과 땀을 통해 가능합니다. 우리의 삶의 여행은 지속적인 학습과 교육을 통해 이루어지기 때문입니다. 육체적 성장과 정신적 성장이 균형을 이루지 못할 때 이를 절반의 성장이라고 할 수 있습니다. 정신적 성장이 잘 이루어진 바탕위에 육신의 건강이 따라줄 때 아름다운 성장을 이룰 수 있습니다. 정신적 건강은 아름다운 친구와 부모, 형제, 스승을 통해 하나하나 배워가며 성장하게 됩니다.

성장과정에서 아픔을 주는 이들, 실망을 주는 이들, 미움을 주는 이들도 만날 수 있습니다. 그러나 큰 사랑이 있으면 이러한 성장에 방해요인들은 별 문제가 될 수 없습니다. 사랑없이 자라는 것이 가장 큰 성장의 장애물이기 때문입니다. 큰 사랑의 보자기로 마음을 감싸주면 사랑의 온실처럼 사랑의 향내음과 사랑의 눈을 갖고 자라게 되기 때문입니다. 무엇보다 가장 아름다운 성장은 외모가 아름다운 것이 아니라 내면의 세계가 아름다움으로 가득 찰 때 가능합니다. 이는 100년의 여행을 아름답게 할 수 있는 첫 출발이 되는 것입니다. 러시아의 노래가사처럼 백만 송이 꽃을 피워 아름다움을 심을 수 있는 첫 출발이 되는 것입니다.

# 세상 속에서 마음 키우기

사회화 이론에서는 성장과 발달을 구분 짓고 있습니다. 성장은 비교적 자연적인 것이고 생체적인 측면에서 예측할 수 있는 성장이라고 본다면, 발달은 계획적으로 이루어질 수 있습니다.

첫 번째 발달은 가정 내에서 이루어집니다. 그리고 범위나 대상이 매우 제한적일 수 있습니다. 그래서 만나는 사람들의 깊은 사랑과 아름다운 모습이 더욱 중요한 것입니다. 어머니가 그렇고 아버지가 그렇습니다. 또한 가까운 형제, 자매의 역할이 중요합니다. 가정에서는 아름다운 밭에서 아름다운 사람들과 아름다운 언어로 아름답게 자랄 때, 좋은 발달이 이루어집니다. 이러한 발달 이후에는 또 다른 발달이 기다리고 있습니다. 가정 밖의 세계에서 만나는 사람들을 통해 배우고, 읽고 경험함으로써 삶의 여행을 하게 됩니다. 가정 밖의 사람들은 타인들입니다. 타인과의 만남을 통해 또 다른 성장을 하게 되는 것이지요. 타인은 정서적 애착관계가 이루어지기 쉽지 않습니다. 그들은 말 그대로 타인입니다. 타산적이고 이해 중심적인 행동과 언어를 사용하는 이들입니다. 아이들은 타인을 통해 가정에서 보아온 사람들의 모습과 다른 언어와 태도, 관계를 배우게 됩니다. 흔히 이것을 2차 사회화라고 합니다. 아무리 아름다운 성장을 할 수 있는 가정에서 자란 아이라도 가정 밖에서 만나는 타인들과의 관계 속에서는 깊은 사랑과 신뢰, 마음을 터놓을 수 있는 관계를 형성할 수 없는 경우가 많습니다. 타인과의 여행은 타인 중심의 여행이 될 수 있는 경우도 있고, 여행 도중 헤어지는 경우도 있습니다.

또 다른 사회적 발달과 관련해서 가장 중요한 만남은 친구와의 만남입니다. 삶의 여행에서 만나는 친구들은 긴 시간동안 함께 하는 경우도 있고 몇 시간이 되지 않아 헤어지는 경우도 있습니다. 그러나 친구들은 때론 마음깊이 찾아오는 경우도 있고 이내 떠나 잊히게 하는 경우도 있습니다. 친구들과의 만남은 삶의 여행 중에, 한 개인의 발달과정에서 만나게 되는 가장 중요한 사회화의 대행자들입니다. 친구와 떠나는 삶의 여행은 무모할 때도 있고, 부모의 생각과 전혀 다른 경우도 있습니다. 때로는 아직 성숙되지 않은, 어릴 때 만난 친구들과의 일탈에 가까운 여행은 위험한 경우도 있습니다.

또 어른이 된 후에 친구를 비롯한 사회에서 만난 타인들은 사랑의 대상이 될 수도 있고, 경쟁의 대상이 될 수도 있고, 배움의 대상이 될 수도 있습니다. 어릴 때부터 어른이 될 때까지 긴 여행 동안 우리는 집보다 집 밖에서 더 많은 경험과 나눔을 얻게 되고 또 다른 성장의 동력을 얻기도 합니다.

집 밖에서의 많은 만남과 경험들은 100년의 긴 여행의 많은 부분을 차지합니다. 그러나 가족과는 달리 진정한 사랑이 없으면 집 밖에서의 타인들이나 친구들과의 만남은 잠시 머무는 만남이 될 수도 있다는 것입니다. 때로는 아픈 마음의 상처를 주기도 하고 어떤 때는 그리움과 아쉬움만을 남기기도 합니다.

서정란 시인의 〈물망초〉라는 시의 시귀를 보면 사랑이 있는 사람은 떠나도 다시 돌아오지만, 사랑이 떠난 사람은 영원히 돌아오지 않는다는 타인과의 만남에서 볼 수 있는 모습을 잘 그려놓고 있습니다.

기도하지 마라
떠난 사람은 돌아와도 떠난 사랑은 돌아오지 않는다.
시린 손 가슴에 얹고
삼백예순날을 기도한다 해도
시위를 벗어난 화살처럼
떠난 사랑은 돌아오지 않는다.

## 만남의 여행

삶의 긴 여행 속에서는 아름다운 만남이 있는가 하면 만나서는 안되는 만남도 있습니다. 소위 악연이라는 표현을 쓰기도 합니다. 아름다운 만남은 아름다운 추억을 남기고 아름다운 마음을 읽을 수 있지만 만나서는 안되는 만남은 상처와 아픔을 남기기도 합니다. 아름다운 만남이든 만나서는 안되는 만남이든 우리 마음을 빼앗아 가는 것은 똑같습니다. 다만 아름다움을 남기는 것과 미움을 남기는 것의 차이일 뿐입니다. 아름다운 꽃이 영원할 수 없듯이 아름답지 못한 꽃 또한 영원하지 않습니다. 이처럼 우리의 만남도 아름다움과 아름답지 않은 것의 반복이 이루어 질 수 있습니다.

피할 수 있다면 아름답지 않은 만남은 피하는 것이 좋겠지만, 우리의 삶의 여행 가운데서는 어쩔 수 없이 경쟁하고 미워하고 슬픔을 줄 수밖에 없는 경우가 있습니다. 산다는 것은 높은 곳에서 낮은 곳으로, 계곡에서 정상으로, 늪에서 마른 땅으로, 평지에서 자갈길 속으로 걷는 경우가 있기 때문입니다.

만남의 여행은 직장에서 일을 할 때, 반려자를 만났을 때, 오랜 친구를 만났을 때 이루어집니다. 직장에서는 타인들과의 경쟁과 협력을 통해서 자기를 성장시키게 됩니다. 반려자는 사랑, 질투, 미움, 섬김, 배려를 통해 삶의 여행을 함께 하게 됩니다. 친구는 반려자와 직장에서 보내는 시간 이외의 시간을 함께 하는 대상입니다.

이들을 통해 반려자와 직장에서 할 수 없는 얘기를 나누고, 때로는 가족과 나눌 수 없는 내용의 대화를 하기도 합니다. 그러나 이들 관계는 어떤 계기가 있을 때 쉽게 깨어지는 관계이기도 합니다.

만남의 여행인 삶 가운데서 만나는 가족, 친구, 동료들과의 관계는 "사랑이라 하기에는 너무 속된 것 같고, 우정이라 하기에는 너무 먼 것 같고, 동반자라 하기에는 너무 모르는 것 같고, 다 주기에는 아깝고 다 얻기에는 어렵고…." 라는 표현이 될 수 있는 관계입니다. 이들은 언제나 삶의 여행 가운데 끼어들기도 하고 빠지기도 하지만 스포츠팀들처럼 우리의 삶에서 언제나 끝까지 완주하지도 않습니다. 친구는 너무 먼 것 같기도 하고 너무 가까운 것 같기도 한 관계이지만 고무줄 당기기처럼 가까웠다 멀어지기도 하고 멀어졌다가 가까워지기도 하는 관계입니다. 그러나 또 다른 성장의 동력이기도 합니다.

## 첫 번째 이별 여행

인생의 긴 여행은 만남의 여행이기도 하지만 이별의 여행이기도 합니다. 그래서 삶의 긴 여행에서 외면할 수 없는 일이 이별을 준비를 하는 과정입니다. 누구든 언젠가는 일생에서 만난 모든 사람들과 이별을 해야하기 때문입니다. 이 아이가 원하든 원하지 않든 가족들과의 첫 번째 물리적 이별을 경험하게 됩니다. 성장하여 가정을 떠나 새로운 가정을 이루고, 부모 곁을 떠나 삶의 반려자를 만나기 위해 첫 번째 이별을 하게 됩니다. 생애 발달 심리학자들은 삶의 여행 가운데 이 시기를 '홀로서기' 단계라고 합니다. 이 이별은 사랑이라는 이름으로 시작합니다. 그리고 결혼이라는 형식을 빌어 이루어집니다. 부모를 떠나 다른 공간에서 새로운 삶을 준비하는 것입니다. 자기만의 인생을 개척하고 꿈을 꾸고, 꿈을 실현하고, 꿈을 좇기도 합니다. 부모,형제와 자기 삶 사이에 혈육이라는 관계로 이어지는 사랑의 다리를 가끔 넘기도 합니다. 부모와의 사랑의 다리는 일생동안 부모와 자식의 관계로 남기도 하고 때로는 영원히 사랑의 다리가 끊어져 버리는 경우도 있습니다.

첫 번째 이별의 과제는 홀로서기이고 직업, 가정, 자녀, 반려자 그리고 자아실현이라는 삶의 과제들을 안고, 스스로 이별 연습을 하는 긴 여행이기도 합니다. 첫 번째 여행에 실패한 사람은 사랑에도, 직장에도, 자아실현에도 실패할 가능성이 높습니다. 그러므로 함부로 사랑한다고 하지 마십시오. 함부로 실패했다고 하지도 마십시오. 더구나 일찍 성공했다고 하지 마십시오. 첫 번째 이별 이후의 삶을 아무도 성공과 실패의 잣대로 판단할 수 없고 예단할 수도 없기 때문입니다. 그래서 부모로부터 떨어져 자기만의 독립된 삶을 준비하기위한 첫 번째 이별은 달콤한 미래를 위한 위험한 이별이기도 합니다. 달콤한 미래의 유혹에 부모, 형제와의 슬픈 이별을 하지는 마십시오.

## 이별 연습, 성장 연습

Gail Sheehy는 인간성장발달단계에 관한 책《Understanding men's passages》 서두에서 "인간은 매우 강건한 갑각류다. 바닷가재는 발육함에 따라 일련의 단단한 보호막을 벗으면서 자란다. 내부로부터 성장할 때마다 한정된 껍데기는 허물을 벗어야 한다. 그리고 새 껍데기가 헌 껍데기를 대체할 만큼 자라기까지 노출된 채로 취약성을 가지게 된다."

우리의 삶의 여행도 성장하기 위해서는 우리를 보호하고 있는 구조를 벗어버려야 합니다. 우리 삶에 영향을 미치는 부모로부터의 독립, 졸업, 결혼, 출산, 이혼, 취직 혹은 실직과 반려자의 죽음, 부모의 죽음 등 생애의 사건들은 삶의 과정에서 우리의 여행에 큰 영향을 줍니다. 이러한 삶의 여행 과정에서 또는 과도기동안 우리가 어떻게 느끼고, 어떻게 사랑하고, 어떻게 이별하는가를 배우는 일은 성장의 중요한 과제들이기도 합니다. 무엇보다 우리가 건전하게 성장하기 위해서는 어려움에 처해 있을 때 슬기롭게 극복하는 지혜와 아픔을 안고 헤어질 때 헤어짐을 승화시키는 지혜가 필요합니다. 우리의 삶은 이별 연습이고 어려움과 아픈 이별을 통해 성장할 수 있는 성장여행이기도 하기 때문입니다.

우리 삶의 여행에서 몇 가지 가슴에 담아야 할 마음가짐들이 있습니다.

- 다른 사람들과 관련한 자기내면의 변화와 자신감의 변화
- 삶에서 느끼는 위기감을 어떻게 안전하게 극복할 수 있는지의 가능성
- 시간에 대한 인식과 충분한 시간이 있다는 생각, 시간은 지나가는 화살처럼 빠르게 지나간다는 생각
- 인간의 삶은 순서와 단계가 있다고 하는 생각
- 생애의 각 단계에는 위기, 전환점, 취약성과 가능성의 두 가지 요소들이 있다는 것에 대한 이해
- 생애과정에는 성장과 이별을 위한 특이한 과업들이 있다는 생각
- 성장은 외부에서 일어나는 것이 아니라 내부적인 영역이라는 생각
- 성장이 이루어지면 자아실현과 자아확충이 이루어질 수 있다는 생각

이와 같은 8가지 마음가짐 등을 가슴에 안고 이별 연습과 성장 여행을 떠나야 됩니다. 산다는 것은 그리 즐거운 것도, 그리 슬픈 것도, 매우 성공적인 것도, 매우 실패한 것도 아니기 때문입니다. 성장 한 가운데는 자기가 있고 자기와 함께하는 사람이 있고 자기가 서있는 환경이 있고 자기가 가야할 목표가 있습니다.

# 자기발견하기

자기와의 만남은 자기를 보는 눈과 자기를 듣는 귀가 있어야 합니다. 진정한 자기와의 만남은 타인을 통한 만남의 경우도 있지만 자기내면에서 자기의 성장과 음성을 듣고 생애 여행을 할 때에만 자기와 만날 수 있습니다. 사회화 이론에서 보면 자기를 아는 것은 남이 자기를 어떻게 평가하는지를 통해 자기를 비추어 볼 수 있고 또 스스로를 어떻게 보는가에 따라 자신을 알 수 있다고 합니다. 흔히 거울의 자아이론(looking glass self)에서 이러한 주장들을 합니다.

또 다른 사회화 이론에서는 주체적인 자아(I)와 객체적인 자아(Me)로 구분해서 비슷한 설명을 하고 있습니다. 또 발달심리학자들은 인지발달이나 성격발달, 도덕적 발달 등의 측면에서 인간의 성장에 관해 설명하고 있습니다. 이때 가장 중요한 것은 자기와의 만남이고 자기의 확충입니다. 청년기에 자기와의 만남의 과제는 친교 대 고립이고 실험적인 자기결정기라고 설명합니다. 18세 이후부터는 삶의 여행에서 뿌리내리는 시기로서 가족을 떠나 자신의 생활을 시작하게 되고, 교육과 직업을 통해 사회에서 가족이외의 또 다른 사람들을 만나 동료관계를 이루게 됩니다. 이 시기에 자기 나름의 보금자리를 만들기도 하고, 부모에게 의존하지만 심리적으로는 독립하는 모습을 보이기도 합니다. 이 여행의 시기에는 주변 사람이나 다른 사람들의 모습보다는 자기와의 만남과 자기시험, 자기발견, 자기보금자리 등을 최우선의 과제로 삼습니다. 이 시기 이후에는 결혼상대를 선택하고, 일생의 직업을 시작하기도 하고, 자기 집을 마련하기도 하고, 부모가 되기도 하고, 자기만의 삶을 설계하는 시기이기도 합니다. 이 시기에는 성인이 되어가는 자기와의 만남의 기간이기도 합니다.

그러나 요즘에는 자기와의 이별의 시기에도 독립하기 어려워 부모에게 의존하거나 자기와의 만남을 하지 못하는 경우도 많습니다. 이런 사람들은 삶의 여행이 더디어지거나 40살이 되도록 뿌리를 못 내리는 경우도 많습니다. 이런 삶의 여행족을 청년모라토리움군(youth moratorium group)이라고 할 수 있습니다. 이 시기에는 남들이 자기를 어떻게 보느냐의 객관적인 자아(Me)와 스스로 자기를 평가하는 자아(I) 간의 차이를 없애는 것이 중요한 삶의 과제이기도 합니다. 거울에 자기를 비춰보는 '거울의 자아' 형성의 시기인 셈입니다.

때로는 자기가 누구인줄도 모르며 여행하는 사람도 많습니다. 자기를 잃어버린 것이지요. 자기없이 남을 가슴에 가득안고 사는 이가 있는가 하면 자기가 너무 많이 차있어 자기를 잃어버리는 경우도 많은 것입니다. 그리움으로 가득 채우며 사는 사람도 있고, 미움으로 가득 채우는 이도 있어 자칫 남을 위한 삶의 여행이 되기도 하고, 자기에 취해 남을 보지 못하는 나 홀로 여행인경우도 있습니다. 100년의 여행은 부모와의 의존기를 벗어난 순간부터 자기와의 여행인 것입니다. 그러므로 자기와의 진정한 만남을 통해서만 후회 없는 아름다운 삶의 여행을 할 수 있습니다.

자기와의 만남의 여행기에는 해보고 싶은 것이 정말 많을 것입니다.

- 친구와 밤새우며 이야기해보기
- 버스종점에서 종점까지 무작정 가보기
- 좋아하는 선생님을 사모하기
- 인기연예인의 팬 카페회원이 되기
- 학교수업 빠지고 딴짓하기
- 이성친구 사귀어보기
- 미운사람에게 실컷 욕해보기
- 어른스러운 모습으로 꾸미고 외출하기

- 혼자만의 비밀을 간직하기
- 노래방가서 실컷 노래하기
- 락 콘서트에 가서 망가지도록 춤춰보기
- 사진찍어 간직하기
- 옛 친구들과 다시 만나보기
- 장난전화 해보기
- 이성친구와 스킨십해보기
- 아르바이트 하기
- 머리염색하고 어른스럽게 꾸미기
- 친구들에게 한 턱 쏘기
- 외국여행 꿈꾸기
- 온라인게임에 몰입해보기
- 몰래 낙서해 보기
- 옥상에서 소리질러보기
- 풀밭에 누워서 하늘 쳐다보기

이렇듯 자기와의 만남의 시기에는 호기심과 어른 흉내내기, 자기상실의 욕구가 강한 여행기입니다. 사춘기에 접어들면서부터 홀로서기 진통을 겪게 되는 것이고 호기심과 기존 틀을 깨보려는 저항의식, 세상에 일찍 취해보고 싶은 충동으로 자기를 부셔가는 시기이기도 합니다. 그러나 자기와의 만남은 이러한 아픔과 갈등, 좌절과 방황, 질풍과 노도의 시기를 지나고서야 진정으로 자기와의 만남이 이루어질 수 있는 경우가 많습니다. 따라서 자기와의 여행은 자기를 비우는 여행이기도 한 것입니다.

## 홀로서기 여행

자기와의 만남의 시기라고 할 수 있는 홀로서기 여행은 사람에 따라 다소 다르지만 10대 후반에서 30대 초반에 이르는 경우가 많습니다. 이 삶의 여행 기간에 세상으로의 여행도 함께 이루어집니다. 세상으로의 여행에는 만나는 사람도 많고, 헤어지는 사람도 많고, 수많은 새로운 체험도 하기 마련입니다. 세상으로의 여행은 새로운 것이기 때문에 때로는 두렵기도 하고, 실수하기도 하고, 속기도 하고, 가슴 아파하는 경우도 많습니다.

세상으로의 여행에서 만나는 사람들은 부모형제와는 달리 타인들인 경우가 많습니다. 이렇게 홀로서는 여행은 쉬운 여행이 아닙니다. 홀로 된다는 것은 자기와 만나는 시간이기도 하지만 자기를 부수고 잃어버리는 시간이기도 합니다. 함부로 홀로 선다고 하지 마십시오. 홀로 사는 것이 참다운 삶은 아니기 때문입니다. 대단한 종교적 결단이 아니라면 인간이 홀로 서는 여행은 짧을수록 좋습니다. 홀로 서게 되는 호흡이 너무 빠를 수도 있고, 너무 느릴 수도 있고, 자기를 버리고 떠나는 여행이 될 수도 있기 때문입니다. 산 정상에 오른 이들은 때로 홀로 서서 산을 정복했다고 말을 합니다. 그러나 그것은 엄격한 의미에서 홀로서기도 아니요, 산을 정복한 것도 아닙니다. 자기를 극복하기 위한 노력의 결과였을 뿐입니다. 그리고 산을 정복한 것이 아니라 잠시 산 위에 서 있다 내려온 것뿐입니다. 이렇듯 홀로서기 여행은 자신이 모든 것을 할 수 있다는, 자신만의 세계를 꾸밀 수 있다는 잘못된 착각에서 비롯될 수도 있습니다.

### 직업과의 만남

삶의 여행에서 우리 삶의 1/3을 차지하는 시간들은 직업현장에서 보내는 시간들입니다. 이렇듯 직업과의 만남은 세상으로 나가는 여행 중 가장 중요한 선택이기도 하고 일과 사람과 문화와의 만남이기도 합니다. 직업은 자기가 태어난 자질과 특성, 흥미에 의해 결정되는 것이 바람직하지만 대개 그러하지 못한 경우가 많습니다. 우리는 최대 재벌그룹의 일류회사나 법관, 의사, 교수 등 세상에서 선호하는 직업에 관심을 많이 갖기 마련입니다. 일류회사는 경쟁이 심하고 선호하는 직업도 경쟁이 심해 쉬운 만남이 만들어지지는 않습니다. 그러나 자기가 원하든 원하지 않든 세상과의 만남에서 직업선택의 중요한 만남은 반드시 이루어져야 합니다. 직업선택에는 누구에게나 자유가 주어져 있지만 자기 생각대로만 되는 것이 아니기 때문에 주어진 환경이나 자기능력 등에 의해 결정될 수밖에 없습니다. 직업을 갖게 되면 우리 삶의 여행은 온전히 자기와의 여행이 아닌 경우가 많습니다. 직장에 한 구성원으로서 혹은 상사와 부하와 동료 간의 관계 속에서 휘둘려 자기의 뜻과 달리 조직의 일원으로 생각하고 행동하고 태도를 기르게 됩니다.

이 시기에는 온전한 자기없이 조직의 한 구성원으로서 조직문화와 규범을 따르면서 직장인으로서 삶의 여행을 하는 경우가 많습니다. 때로는 술에 취하기도 하고, 때로는 아부하기도 하고, 때로는 자기에 도취되기도 하고, 어떤 때는 무한경쟁에 내몰리기도 합니다. 그러나 어떤 직업이 어떤 모습으로 주어지든 우리 삶의 여행 가운데 다시 돌아올 수 없는 시간을 보내는 시기이기 때문에 최선을 다해야 합니다. 어떤 직업이 주어지든 감사하며 생애과정 중에서도 가장 값진 순간들이기 때문에 늘 긍정적인 사고로 긍정적인 만남을 이루도록 해야 합니다.

GE의 전기마술사라 불리는 메이츠라는 사람은 "인생을 살면서 성공한 사람은 자기가 주어진 일에 최선을 다하는 사람이고 실패한 사람은 언제나 끝없는 좌절의 늪으로 빠지는 사람이다."라고 했습니다. 그리고 미래를 보는 젊은이와 미래를 잃은 젊은이를 어떻게 구분하느냐고 물었을 때 "꿈과 비전을 가진 젊은이는 미래를 보는 젊은이요, 꿈도 없고 비전을 갖지 않는 젊은이는 죽은 젊은이다."라고 말했습니다. 우리 삶의 여행 가운데 직업과의 만남은 무슨 직업을 어떤 지위에서 수행하느냐도 중요하지만 무슨 직업이 주어지든 최선을 다하는 모습이 중요하고 그럴 때 우리의 직업과의 만남은 아름답고 삶의 여행 또한 값진 것이 될 수 있습니다.

직업과의 만남에서 중요하게 생각해야 할 몇 가지가 있습니다.

- 자기가 흥미로운 일을 택하십시오.
- 자기가 가장 잘 할 수 있는 일을 택하십시오.
- 자기가 성장할 수 있는 일을 택하십시오.
- 미래의 비전이 있는 일을 택하십시오.
- 사회적 평판보다 보람을 가질 수 있는 일을 택하십시오.
- 우리나라의 관점뿐만 아니라 세계적 관점에서 일을 보고 택하십시오.
- 자기 도전 정신을 일깨워줄 수 있는 일을 택하십시오.
- 은퇴 후에도 후회하지 않는 일을 택하십시오.
- 일생에 세 번의 다른 일을 할 수 있다는 생각을 갖고 일을 택하십시오.
- 도전정신을 가진 사람들이 모인 일을 택하십시오.
- 가능하면 인류와 사회와 국가에 유익을 주는 일을 택하십시오.
- 남에게 봉사할 수 있는 일을 택하십시오.

이러한 직업과의 만남을 위한 자기 준비와 마음가짐을 가지고 일과의 만남이 이루어져야 합니다. 일단 직업을 택한 후에는 일이 자기를 만족하게 하는 것이 아니라 자기가 일에 만족할 수 있는 태도가 중요합니다. 일을 너무 사랑하는 사람은 자기를 잃어버릴 수 있습니다. 일을 대충하는 사람도 자기를 잃어버릴 수 있습니다. 일을 게을리 하는 사람은 모든 것을 잃어버릴 수 있습니다. 일 중독자(work holic)가 되는 것도 불행한 일입니다. 그러나 실직자가 되는 것 또한 불행한 일입니다. 일과의 만남은 일 중독자가 되지 않는 것과 실직자가 되지 않는 것을 염두해 두어 '일과 함께하는 자기'를 세워가는 삶의 여행입니다. 그리고 '일에 의한, 일을 위한, 일의 자기'가 아니라 '자기에 의한, 자기를 위한, 자기의 일'이 되어야 합니다. 언제나 자기와 함께하는 일이 되어야 합니다.

### 친구와의 만남 : 친구와의 여행

우리의 여행에는 항상 동반자가 필요합니다. 우리의 여행은 홀로 하는 여행일 때도 있지만 함께 나누며, 함께 쉬며, 함께 대화를 주고받을 수 있는 동반자가 필요한 경우가 많습니다. 그렇기에 인간을 사회적 동물이라고 합니다.

친구와의 만남은 세상 여행 가운데 직업 못지않게 중요한 만남 중에 하나입니다. 친구는 어릴 때 만나 죽음에 이르기까지 함께 여행하는 경우도 있고 만난 후 곧 헤어지는 경우도 있습니다. 친구와의 만남에서 친구를 잃는 경우와, 친구를 버리는 경우와, 친구를 그리워하는 경우가 있습니다. 친구를 잃는 경우는 개인의 여행 가운데 가장 슬픈 경험 중 하나입니다. 헤어진 친구가 때로는 그리워질 때도 있고 아프도록 마음의 문을 노크하는 경우도 있습니다. 그러나 우정이 식고 사랑이 식어 떠난 잃어버린 친구는 돌아오지 않는 경우가 많습니다. 더구나 사랑을 잃어버린 이성친구의 경우에는 영원히 잃어버린 친구가 됩니다. 자기 스스로 보내는 친구는 서로 아픔을 안고 헤어지는 경우가 많습니다. 이 경우 아픔을 심어 보내기도 하고, 상처를 안고 떠나기도 하고, 때로는 미움으로 가득 채워 보내기도 합니다. 친구를 잃는 것도, 친구를 보내는 것도 우리의 여행 가운데 가장 슬픈 추억이 됩니다. 아름다운 친구를 만나는 일처럼 값지고 의미있는 삶의 만남은 흔치 않습니다. "친구를 사랑한다고 하지 마십시오. 친구를 미워한다고 하지도 마십시오. 친구를 있는 그대로 받아들이십시오."라고 권고하고 싶습니다. 그럴 때 친구와의 만남은 영원히 아름다운 만남이 될 수 있습니다.

요즘은 우리 삶의 여행 가운데서 그 전보다는 많은 사람을 만납니다. 그리고 이내 곧 떠나보내는 경우도 많습니다. 어쩌면 '일회용 만남'인 경우이지요. '일회용 만남'은 말 그대로 한 번만 만나는 일이기 때문에 진정한 만남이라 할 수가 없습니다. 또한 가상현실이 확산되고 있는 요즘은 사이버 공간 속에서 많은 만남이 이루어 집니다. 그러나 이러한 만남은 따스한 체온을 느끼는 만남이 아니라 온라인 상의 영상을 통해 만나는 일이기 때문에 진정한 친구의 만남이라 볼 수도 없습니다. 가상공간에서의 채팅이나 블로그 등을 통한 만남은 많은 사람들과 만날 수 있는 기회를 확대해 주지만, 진정한 숨결을 느낄 수 있는 만남은 많지 않습니다. 그리고 '사이버 가치해체'(cyber anomie) 현상은 걱정을 키우고 있습니다. 어떤 형태의 만남이든 만남에서 자기를 노출하는 일은 매우 중요합니다. 자기노출이 매우 심할 경우 상처받기도 하지만 자기노출이 너무 적을 경우 '마음의 거리' 때문에 진정한 친구가 되기 힘듭니다.

삶의 여행 가운데서 만남의 여행도 있고 헤어짐의 여행도 있습니다. 만남은 '나와 그것 간의 만남'이 있는가 하면 '나와 너의 만남'이 있습니다. 나와 그것간의 만남은 인격과 인격의 만남이 아니라 내가 원하는 것, 갖고 싶은 것, 되고 싶은 것과의 만남입니다. 이러한 만남은 내가 원하는 것이 없어질 경우 관계가 끝이 나게 됩니다. 물론 내가 갖고 싶은 것이 사라졌을 때 관계가 끝이 나게 됩니다. 내가 되고 싶은 것이 없어질 때, 관계가 끝이 나게 됩니다. 친구와의 만남은 이러한 만남이 돼서는 안됩니다. 사랑함으로 만나는 만남이 되어야 하고, 내가 도움을 줄 수 있는 만남이 되어야하며, 있는 그대로 받아들이는 만남이 되어야 합니다. 이러한 만남은 인격과 인격의 만남, 사람과 사람의 만남, 마음과 마음의 만남, 마음의 밭이 되는 육신과 또 다른 육신과의 만남인 것입니다. 친구와의 만남은 이렇듯 인격과 인격의 만남이 되어 우리가 되어야 합니다. 이러한 친구와의 만남을 통해 함께 동행하는 삶의 여행이 되고 그 삶은 아름답고 알찬 여행이 될 수 있습니다.

친구와의 만남에서 가슴에 담아야 할 지혜가 있습니다.

- 친구는 영원한 손님입니다.
- 친구는 가슴에 담아야 할 대상입니다.
- 친구는 아픔을 주고받는 대상입니다.
- 친구는 생의 마감까지 동행할 대상입니다.
- 친구는 부족함을 서로 채우는 대상입니다.
- 친구는 아름다움을 만드는 동행자입니다.
- 친구는 헤어질 때 가슴에 품는 대상입니다.
- 친구는 어떠한 처지에 어떤 모습으로 있던 똑같이 대해야 합니다.
- 친구는 새벽 2시에 어려움을 호소해도 도와주어야 할 대상입니다.
- 친구는 자신의 부속물이 아닙니다.
- 친구는 삶의 동반자이자 조망자입니다.
- 친구에게는 필요한 경우 따가운 충고를 아끼지 않아야 합니다.
- 친구에게는 상처를 주는 일을 최대한 자제해야 합니다.
- 친구는 그의 가정, 그의 모습, 그의 능력 모두를 있는 그대로

받아들여야 합니다.

- 친구는 편안한 관계여야 하고, 편안함을 느끼도록 해야 합니다.
- 친구는 서로 인간적인 성장과 사회적인 성장을 할 수 있도록 격려해야 하는 관계입니다.
- 친구는 서로 이용하는 관계가 아니라 서로 섬기는 관계여야 합니다.

친구와의 여행은 이처럼 아름다워서 때론 부모형제보다 더 깊고 친숙한 관계로 발전하기도 합니다. 고사성어 속에 나오는 우정을 보아도 이처럼 친구와 함께하는 여행의 아름다움을 알 수 있습니다. 관포지교(管鮑之交)로 널리 알려진 관중과 포숙의 사귐은 우정의 대표적인 예라고 할 수 있습니다. 《사기(史記)》에 쓰여진 관안열전(管晏列傳)에 의하면 중국 제나라에서 포숙은 자본을 대고 관중은 경영을 담당하여 동업하였으나 관중이 이익금을 혼자 독차지하였다고 합니다. 포숙은 관중의 집안이 가난한 탓이라고 너그럽게 이해하였고 전쟁에 함께 나갔을 때도 관중이 세 번이나 도망을 하였는데도 비겁하다고 생각하지 않고 늙은 부모님 때문이라고 변명을 해주었습니다. 이처럼 포숙은 친구인 관중을 끝까지 믿었습니다. 관중도 "나를 나은 것은 부모지만 나를 진정으로 아는 것은 포숙뿐이다."라고 말했습니다. 이들의 우정은 친구를 이해하고 품는 바다와 같은 마음과 그 넓고 깊은 마음을 이해한 순종의 마음이 합해져 아름다운 친구와의 여행을 만든 것입니다.

백아절현(伯牙絶絃)은 백아가 자기를 알아주는 절친한 벗의 죽음을 슬퍼하여 거문고 줄을 끊었다는 이야기를 담고 있습니다. 중국 춘추전국시대에 거문고의 달인 백아가 친구인 종자기가 세상을 떠나자 너무 슬픈 나머지 그토록 아끼던 거문고 줄을 스스로 끊고 다시는 거문고를 켜지 않았다고 합니다. 친구의 죽음을 이토록 아프게 느끼는 친구와의 아름다운 여행의 예라 할 수 있습니다.

18세에 친구로 사귀기 시작해서 친형제보다 더 가까운 우정을 키우면서 죽는 날까지 서로를 아껴주던 한음 이덕형과 오성 이항복의 우정인 오성과 한음의 오환지교(鰲漢之交)로 불리는 아름다운 우정이나, 어린 시절부터 절친한 친구로 삶의 여행을 한 중국 위나라 장위와 소진의 우정도 친구와의 아름다운 여행의 좋은 예라 할 수 있습니다.

BC 4세기 경 피아시스라는 그리스 청년이 교수형을 당하게 됐습니다. 효자였던 그는 고향에 둔 늙은 부모님께 마지막 인사를 하도록 간청했으나 왕은 이를 허락지 않았습니다. 이때 피아시스의 친구 다몬이 왕에게 "폐하, 그를 보내 주십시오. 제가 그 귀안을 보조하겠습니다." 왕은 "다몬아, 만약 피아시스가 돌아오지 않으면 어찌하겠느냐."고 물었습니다. 그때 다몬은 "제가 대신 교수형을 받겠습니다." 라고 대답했다고 합니다. 왕은 친구인 다몬의 간곡한 요청에 못 이겨 피아시스를 고향에 보냈다고 합니다. 사형집행

일이 되었는데도 돌아오지않자 피아시스대신 다몬이 교수형을 받게 되었습니다. 이에 왕이 돌아오지않는 친구 피아시스를 비웃자 다몬은 "내 친구 피아시스를 욕하지 마십시오. 여러분들이 어찌 내 친구 피아시스를 안단 말이오."라고 태연하게 말했다고 합니다. 막 사형을 집행하려 할 때에 멀리서 말을 재촉하면서 고함을 치는 사람이 있었는데 바로 피아시스였습니다. 두 사람이 끌어안고 작별인사를 하면서 저 세상에 가서도 잊지 않겠다는 다짐을 하는 모습을 보고 왕과 주변 사람들이 감동하여 피아시스의 죄를 사면해 주었다고 합니다. 왕은 작은 소리로 시종에게 "내 모든 것을 다 주더라도 이런 친구를 사귀어 보고 싶구나."라고 고백했다고 합니다. 그리스의 이러한 우정은 삶의 여행 가운데 우리가 눈여겨봐야 할 값진 친구와의 만남이며 친구와의 여행에서 얻을 수 있는 열매인 것입니다.

### 부모와의 여행

부모는 선택할 수 있는 만남이 아닙니다. 부모와의 만남은 주어진 만남입니다. 태어나 죽음에 이르기까지 함께해야 할 만남입니다. 따라서 부모와 자녀의 관계는 인간이 살아가면서 맺게 되는 어떠한 인간관계보다 중요한 의미를 지닙니다. 그래서 하늘이 맺어준 천륜이라고 합니다. 그러나 어떤 부모와 만나느냐에 따라 부모와의 만남은 우리 삶의 여행 가운데 우리를 행복하게도 할 수 있고 우리의 영혼을 살찌우기도 하며, 우리를 불행하게도 하고 우리의 영혼을 메마르게 하기도 합니다. 어린시절 부모가 자녀를 어떻게 양육하느냐에 따라 우리의 삶이 바뀔 수 있기 때문입니다.

프로이트(Freud)나 융(Jung) 등도 어린 시절의 발달단계에서 상처를 입게 되면 일생동안 그 상처로 인해 아픔을 안고 살게 된다고 설명합니다. 부모는 한 인간의 삶에 있어서 가장 중요한 사회화의 대행자 역할을 합니다. 건전한 인격을 형성하고, 아름다운 인성을 기르고, 참된 삶을 살 수 있도록 만드는 우리 삶의 토양이 되기 때문입니다. 현대인들에게 있어서 가슴 깊숙이 아픔을 담고 사는 경우가 많은 것도 부모와의 만남에서 얻어진 남모르는 마음속 깊은 상처때문입니다. 많은 분들이 이러한 상처를 안고 이웃에게, 아내에게, 남편에게, 친구에게, 형제에게 투사하고 표출하는 경우가 많습니다. 인간관계에서의 많은 문제들이 부모와의 만남에서 얻어진 아픔 때문에 발생한 경우가 많습니다. 따라서 만남에 있어 가장 중요한 만남은 부모와의 만남입니다.

부모 중에는 '산소와 같은 부모'가 있습니다. 이러한 부모는 자녀가 마음껏 삶을 개척하고, 잠재력을 키우고, 아름다움을 키울 수 있는 비옥한 토양의 역할을 합니다. 그러나 부모 중에는 '공해가 되는 부모'도 많습니다. 자신의 상처나 아픔 혹은 좌절을 자녀에게 쏘아 붓는 부모들의 경우 공해가 되는 부모일 수 있습니다. 매질

하는 부모, 폭력을 쓰는 부모, 언어적 학대를 하는 부모, 정서적 학대를 하는 부모, 자녀를 자신의 부속물로 생각하는 부모, 독선적인 부모들의 경우 공해가 되는 부모입니다. 이들과의 만남을 선택할 수 없이 받아들여야 하는 삶의 여행은 결코 순탄한 여행이 될 수 없습니다. 부모는 자녀를 섬겨야 하고 자녀는 부모를 사랑해야 하는 관계일 때 부모와의 만남은 참으로 아름다운 여행의 동행자가 되는 것입니다.

자녀에게 아름다운 부모 역할을 하기 위해서는 몇 가지 노력이 필요합니다.

- 무조건적인 사랑을 주어야 합니다.
- 많은 대화를 하도록 노력하십시오.
- 더 많은 상호작용 시간을 갖도록 하십시오.
- 자녀를 존중하십시오.
- 삶의 목적을 찾도록 조력하십시오.
- 자녀들의 친구들에 대해 더 많이 수용하십시오.
- 더 많은 정서적 친근성을 가지십시오.
- 더 많은 이해를 하려하십시오.
- 신체적 안전과 보호를 게을리하지 마십시오.

부모와의 만남에서 부모나 자녀가 가져야 할 지혜도 필요합니다.

- 부모는 자녀를 섬기는 자세가 되어야 합니다.
- 부모는 자녀를 있는 그대로 받아들이는 허용적 태도가 필요합니다.
- 부모는 자녀를 사육하는 것이 아니라 양육한다는 것을 알아야 합니다.
- 부모는 자녀를 부속물이나 소유물로 생각해서는 안 됩니다.
- 부모는 자녀를 다른 아이들과 비교해서는 안 됩니다.
- 부모는 자녀를 훈육할 때 마음의 상처를 입혀서는 안 됩니다.
- 부모는 되는 것과 아니 되는 것을 행동으로 보여야 합니다.
- 말하는 부모보다 행동하는 부모, 하라는 부모보다 스스로 행하는 부모가 되어야 됩니다.
- 자녀는 부모를 사랑하는 자세가 되어야 합니다.
- 자녀는 부모에게 모든 것을 요구해서는 안 됩니다.
- 자녀는 부모의 아픔과 고뇌와 좌절을 이해하는 태도가 필요합니다.
- 자녀는 부모가 어떤 처지, 어떤 형편, 어떤 지위에 있던 사랑해야 합니다.
- 자녀는 자식을 위해 헌신하는 부모에게 늘 감사하는 마음을 가져야 됩니다.
- 자녀는 첫째도 부모사랑, 둘째도 부모사랑, 셋째도 부모사랑의 태도를 가져야 됩니다.

- 부모와의 여행을 성공적으로 하기 위해서는 자녀도 부모를 존중하고 사랑해야 합니다. 그리고 부모도 알아두어야 할 것들이 상당히 많습니다.

보통 부모에 대한 여러 가지 이론과 주장들이 있는데 서울 광진구에 위치한 은혜나눔교회의 상담 목사이며 아동가족 상담센터소장인 김명희 교수는 부모들이 부모가 되는 시기에 잘못 알고 있는 것이 20가지나 된다고 말합니다. 그 중 몇 가지를 소개합니다. 그러나 반드시 그렇지 않으며 자식은 부모 뜻대로만 되지 않습니다.

- 좋은 부모는 어떤 아동도 잘 다룰 수 있다.
- 자녀가 없는 부부는 불행하다.
- 좋은 부모를 만나면 아이들은 훌륭하게 성장한다.
- 부모가 자녀를 올바르게 양육시키면 자녀는 올바르게 성장한다.
- 부모는 성인이다.
- 부모는 자녀에게 충분한 사랑을 주기만 하면 된다.
- 자녀를 하나만 가져서는 안된다.
- 자녀들은 부모들에게 감사한다.
- 아동은 모두가 똑같다.
- 자녀 키우는 일은 재미있다.
- 아동은 사랑스럽고 귀엽다.

• 자녀를 둠으로써 부모의 결혼 생활을 향상시킨다.

아름다운 부모와 자녀의 만남은 많습니다. 카터 대통령의 어머니, 링컨 대통령의 어머니, 한석봉의 어머니, 맹자의 어머니, 오바마의 할머니 등 아름다운 만남의 예가 많습니다. 맹인인 강영우 박사의 자녀와의 만남 또한 아름다운 만남의 예가 될 수 있습니다. 눈이 안 보이는 강박사의 자녀들은 눈이 보이는 부모들과 자녀들의 만남과는 달리 밖에서 공놀이도 할 수 없었고, 야구도 할 수 없었고, 자전거도 함께 탈 수 없었습니다. 어느 날 강박사의 아들이 저녁 식탁에서 아버지에게 이러한 불만을 터뜨렸습니다. 강박사는 가슴이 아팠지만 태연히 이렇게 말했습니다. "그래도 아버지는 불이 꺼진 깜깜한 방에서 너에게 잠잘 때 이야기 책을 읽어줄 수 있지 않니." 이 말을 들은 아들은 크게 감동해 아버지의 아픔과 사랑을 깨닫게 되었습니다. 그리고 아버지의 눈을 고쳐 주겠다는 생각을 하면서 그 아들은 하버드 의과대학에 진학을 하게 됐습니다. 그때 입학원서에 쓴 에세이 제목이 'Bed time story in the dark' 였습니다. 아버지에 관해 쓴 것입니다.

이렇듯 부모와의 만남은 아름다운 만남이 있는가 하면 그렇지 못한 만남도 있습니다. 《대통령의 어머니들》이라는 책에서 대통령을 만든 부모들은 한결같이 세 가지 일을 했다고 말합니다. 하나는 꿈을 심어주는 일이요, 또 하나는 자신감을 갖도록 격려하는 일이요, 세 번째는 믿음을 갖게 한 일입니다. 그러므로 우리의 삶의 여행 가운데 잊어서는 아니 될 덕목은 믿음, 소망, 사랑입니다. 특히 어떤 부모와 만나든 부모와의 여행은 믿음, 소망, 사랑의 꿈을 꾸는 '관계의 여행'이여야 합니다. 세 가지 다이면 좋겠지만 그렇지 못할 경우, 단 하나의 덕목만 가져도 부모와의 여행은 할 만한 여행이 될 것입니다.

## 스승과의 여행

삶의 여행 가운데서 그 어느 순간도 배움이 없는 순간은 없습니다. 그러나 학교에서 이루어지는 형식적 교육에서든 무형식 교육에서든 반드시 스승을 만나기 마련입니다. 옛 말에 세 사람이 걷게 되면 그 중 한 사람은 반드시 스승의 역할을 하게 된다고 말을 합니다. 이토록 우리들의 삶 속에는 반드시 스승이 있기 마련입니다. 친구와의 만남이나 자기와의 만남이나 부모와의 만남처럼 스승과의 만남은 숙명적일 수 있습니다. 스승은 말 그대로 삶의 지혜를 주고, 삶을 가르쳐 주고, 올바른 삶을 살도록 인도하는 역할을 합니다. 스승과의 만남은 유치원 시절부터 대학원에 이르기까지 대상은 다르지만 학업을 수행하고 무엇을 배우는 한 계속되는 만남입니다. 스승은 제자와의 관계 속에서 지식을 전수하고, 지혜를 체험하게 하고, 사회생활에 필요한 능력을 개발시켜 주는데 중요한 역할을 합니다. 스승과의 만남 역시 우리 삶의 여행 가운데서 가장 중요한 만남 중에 하나이기 때문에 스승과의 관계는 자기 삶의 여행의 결정적인 역할을 하기 마련입니다. 스승과의 만남가운데 우리 삶에 가장 영향을 주는 스승은 초등학교 때의 스승이라고 합니다. 초등학교 때는 인성의 토대가 마련되는 시기이고 부모로부터 사회로 이전하는 전환기이기 때문에 초등학교 때 어떤 스승을 만나느냐는 삶에 있어서 중요한 계기가 됩니다. 초등학교 때에 훌륭한 스승을 만나면 인생 목표를 설정하는데 또 직업선택을 하는데 많은 영향을 받게 됩니다. 요즘처럼 진정한 스승도 없고, 참된 제자도 없고, 진정한 가르침도 없고, 겸손한 배움도 없는 현실 속에서는 스승과의 만남이 큰 의미를 부여받지 못할 수도 있지만 그래도 우리 삶의 여행 가운데 스승과의 만남은 매우 의미있는 만남 중에 하나입니다. 아난이 석가를 만나 그 인생을 바꿨고, 베드로와 바울이 예수를 만나 그 인생을 바꿨고, 2,000명이라고 추산되는 공자의 제자들도 공자를 만나 인생을 바꿨습니다. 아리스토텔레스를 만나 알렉산더라는 위대한 대왕이 탄생되었고, 소크라테스를 만나 플라톤의 위대한 철학이 나올 수 있었습니다. 이토록 스승과의 만남은 한 인간의 삶을 전적으로 바꾸어 놓았습니다. 무엇보다 배움은 시기가 중요하고 배우는 자세가 중요합니다. 참된 스승을 만나 스승과의 여행을 아름답게 한다면 삶의 여행에 깊이와 넓이를 더 할 수 있을 것입니다.

스승을 만나 삶의 여행을 할 때에는 언제나 '높은 곳에 오르고자 하면 낮은 곳에서부터 시작해야 한다(등고자비, 登高自卑)'의 자세가 필요합니다. 스스로 겸손하고 겸허하고 겸양이 필요합니다. 스승과의 만남은 삶의 여행을 보다 지혜롭고 깊게 만들어 줍니다. 또한 배우는 입장이든 가르치는 입장이든 다 스승이 되는 것입니다. 이와 함께 사서삼경의 대학에 나오는 '단 하루라도 노력해서 자신을 새롭게 해나가고 그 위에 다시 날마다 더 새롭게 한다.'(日新日 日新又 日新日)는 자세가 필요합니다. 인류 역사에서 가장 위대한 스승인 예수는 짧은 기간 동안 열두 제자를 가르쳤지만 인류 역사상 가장 위대한 스승이요, 가장 많은 제자를 둔 스승으로 불립니다. 그가 세상 지식을 가르친 것이 아니라 새 생명을 허락하는 참 진리를 통해 죄 가운데서 구원을 했기 때문입니다.

## 반려자와의 반쪽 여행

사람은 사랑으로 호흡하고 사랑을 먹고 삽니다. 사랑이 없다면 인류역사는 존재할 수 없을 것입니다. 인류 역사 가운데 많은 전쟁과 미움, 갈등과 반목이 있었지만 사랑이라고 하는 큰 그릇에 담겨 인류가 오늘에 이른 것입니다. 한 인간의 삶의 여행 가운데 여러 형태의 사랑을 받고 살지만 그 중에서도 이성과의 사랑, 특히 일생을 함께 할 반려자와의 만남은 사랑의 꽃을 피우고, 사랑의 밭을 가꾸고, 사랑의 씨를 뿌리는 중요한 만남입니다. 그래서 반려자와의 만남은 가장 신중하고 차분한 자세로 만나야 합니다. 그러나 반려자와의 만남에 실패한 사람도 많습니다. 한순간 눈이 멀기도 하고, 욕정에 사로잡히기도 하고, 때로는 피할 수 없는 함정에 빠져 어쩔 수 없는 만남을 이루는 경우도 있습니다. 그러나 반려자와의 만남은 신중에 신중을 기해야 합니다. 소위 스펙 중심의 만남, 외모 중심의 만남, 가진 것 중심의 만남, 막연한 기대 중심의 만남은 조심스러운 만남입니다. 반려자와의 만남은 생을 나누는 만남입니다. 육체와 영혼, 가슴과 느낌을 나누는 만남입니다. 그리고 자녀를 함께 기르고, 함께 생산하고, 함께 일구는 나의 절반에 해당합니다. 그러므로 반려자와의 만남은 나와 너의 만남이 되어 우리가 되어야하는 만남입니다. 삶의 여행 가운데서 어떤 사람은 70년을, 어떤 사람은 5년을, 또 어떤 이는 6개월을 만나는 경우도 있습니다. 반려자의 만남은 넓이와 길이, 깊이에 있어서 넓고 길고 깊은 관계여야 합니다.

어느 부부든 남녀가 만나 부부가 되면 삶의 가장 깊은 친밀감을 나누는 관계가 됩니다. 사랑과 위로, 기만과 배신, 서로에게 씻을 수 없는 큰 상처를 경험할 수 있는 양면성을 가지고 있습니다. 부부는 가장 깊고 친밀한 사이지만 진정한 평등의 관계 속에서 서로 사랑하는 의존적 관계가 되어야 합니다. 반쪽 여행이 온쪽 여행이 되기 위해서는 건강한 부부관계가 중요합니다.

건강한 부부관계를 유지하기 위해 도움이 되는 몇 가지 이야기가 있습니다.

- 있는 그대로의 모습을 수용하고 이해해야 합니다.
- 과거, 현재, 미래를 함께 한다는 것을 알아야 합니다.
- 상대의 욕구를 자기의 욕구처럼 중요하게 생각해야 합니다.
- 부부관계는 파트너십입니다.
- 개성을 서로 존중하고 분리된 정체성을 기르도록 해야합니다.
- 수용적인 의사소통이 매우 중요합니다.
- 부부간에도 서로의 경계선을 가져야 합니다.

반쪽의 여행이 한쪽이 될 수 있는 길은 서로 사랑하고 있는 그대로 받아들이며 가슴에 담는 것입니다.

## 믿음의 여행

우리의 여행 가운데는 순탄한 길도 있지만, 넘어야 할 고개도 많고, 늪에 빠질 경우도 많고, 좌절과 아픔과 고통과 실망 속에 허덕일 때도 많습니다. 우리 인간은 아주 연약한 존재이기 때문입니다. 동물 가운데 가장 연약한 존재 중에 하나이기 때문입니다.

철새들을 보면 그 작은 체구에도 왕복 50,000km를 날라 겨울을 나는 새가 있는가 하면 사랑 한 번 나누기 위해 1km 공중을 위로 나는 나비도 있습니다. 757 보잉 제트기로 서울에서 뉴욕까지 14시간을 날아가는 거리가 16,000km이고 지구를 한 바퀴 도는 거리가 46,000km인 것을 감안하면 이들 작은 철새는 위대한 여행을 하는 것입니다. 어느 물고기는 어머니 물고기가 알을 아버지 물고기의 입에 낳는데, 이 알이 부화될 때까지 아버지 물고기는 알을 삼키지 않기 위해 무진 애를 쓰면서 아무 것도 먹지 않고 굶는다고 합니다. 알이 부화되어 새끼가 태어나면 아버지 물고기는 굶어 죽는다고 합니다. 알을 낳거나 새끼를 키우기 위해 수 만 km를 먹지도 않고 헤엄쳐 오는 연어나 고래도 있습니다. 영하 50도에서 70도의 환경 속에서도 자녀를 키우는 펭귄이나 물개들도 있습니다.

그러나 우리 인간은 이들에 비하면 아주 연약한 존재입니다. 추위나 더위에도 약하고, 병에도 약하고, 마음에 상처도 쉽게 받습니다. 어디에서 와서 어디로 가는지도 모릅니다. 어떻게 살아야 될지도 모르는 경우도 많습니다. 주는 것에 인색해 하는 경우도 많습니다. 가지려고만 하고 주려하지도 못하고, 사랑을 받기만 원하면서 사랑을 주는 것에 인색한 경우도 많습니다. 많이 갖고, 잘 먹고, 잘 입고, 유명해지고, 누리며 사는 것을 잘 사는 것으로 착각하는 경우도 많습니다.

매우 유한한 존재인 우리 인간의 여행 가운데 우리를 보내고 우리를 거두어 가실 분에 대한 믿음의 여행은 삶에 있어서 매우 중요합니다. 인간이 약해지고, 슬퍼지고, 좌절하고, 죽음에 직면했을 때 두 손들고 나아가 엎드려 기도하고 의지하고 그 큰 사랑의 품에 안기는 일은 삶의 여행 가운데서 꼭 필요한 부분입니다.

믿음의 여행을 하는 사람들은 믿음 없이 여행하는 사람들과의 차이가 많습니다. 나누는 것도, 생각하는 것도, 용서하는 것도, 사랑하는 것도 다 다릅니다. 그 중에 가장 다른 것은 어떻게 사느냐 하는 것입니다. 사랑에 인색한 사람이 사랑에 넉넉한 사람이 되는가 하면 허물투성이의 사람이 허물을 벗고 새 사람이 되는 경우도 많습니다. 믿음의 여행은 믿음 속에, 우리를 인도하시는 분께 의지하는 태도 속에, 기도하는 속에 새로운 삶의 여행을 하게 되는 것입니다.

우리의 여행은 이렇듯 만남의 여행이요, 헤어짐의 여행이요, 나눔의 여행이요, 아픔의 여행일 수 있습니다. 에릭 프롬은 "아름다운 만남은 나와 너의 만남이 되어 우리의 만남이 되는 것이다."라고 했습니다. 마틴 부버 역시 《Ich und Du》라는 책에서 만남은 나와 너의 만남이 되어 우리의 만남이 되어야 한다고 했습니다. 삶의 여행 가운데 우리가 선택할 수 있는 만남과 하늘이 준 만남이 있습니다. 하늘이 준 만남은 만남을 아름답게 하는데 정성을 쏟아야 되고, 선택할 수 있는 만남이라고 하면 아름다운 만남이 될 수 있도록 신중을 기해야 합니다.

우리의 여행 가운데 여러 만남이 있지만 믿음의 여행에서 절대자와의 만남은 절대자가 선택한 만남이고 부모와의 만남은 하늘이 준 만남이지만, 다른 만남들은 상대적으로 우리가 선택할 수 있는 만남입니다. 따라서 우리 삶의 여행 가운데 아름다운 동행자가 될 수 있도록 정성을 다해야하고, 첫 만남에서부터 삶의 여행 동안 선택에 신중해야 합니다.

여러 만남 가운데 꼭 지켜야 할 몇 가지 지혜가 있습니다.

- 수용해야 합니다.
- 차이를 인정해야 합니다.
- 용서해야 합니다.
- 칭찬해야 합니다.
- 섬겨야 합니다.
- 서로 믿어야 합니다.
- 긍정적으로 생각해야 합니다.
- 정직해야 합니다.
- 사랑하고 존경해야 합니다.
- 인권을 존중해야 합니다.
- 사람됨을 나눠야 합니다.
- 소망을 가져야 합니다.
- 비전을 세워가야 합니다.
- 언제나 새로운 시작, 새로운 출발이라 생각해야 합니다.

# 2부

# 세상 들여다보기

삶의 여행은 예정된 여행입니다.

삶은 선택인 듯 하지만 주어진 여행입니다.

우리의 여행 중 나눔은

가장 필수적인 여행 덕목입니다.

나눔은 키우는 일입니다.

그리고 나눔의 여행은 사랑의 씨앗을

뿌리는 여행입니다.

# 세상 엿보기

우리가 삶의 여행을 하는 세상은 아름다운 부분도 있고 어두운 부분도 많습니다. 봄이 오면 여름이 오고, 여름이 지나면 가을이 오고, 가을이 온 다음에는 겨울이 오듯, 기쁨이 오면 슬픔도 오고, 아픔이 오면 평안함도 오고, 미움 뒤에는 용서가 오기도 합니다. 이렇듯 세상에 나가기는 우리 삶의 여행 가운데서 가장 미지의 세계로 떠나는 여행입니다. 위험한 여행이라고 볼 수도 있지요. 때로는 생명을 건 여행이기도 합니다. 결코 쉬운 여행이 아니지요. 어떤 이는 이 여행에서 낙오자가 되기도 합니다. 또 어떤 이는 생명을 잃기도 합니다. 또 어떤 이는 자기 자신을 잃어버리는 경우도 있습니다. 세상에 나갈 때에는 큰 용기와 많은 준비, 다른 사람들의 도움이 필요합니다. 그러나 너무 두려워하지 마십시오. 세상은 사람이 사는 곳이기 때문입니다. 우리는 어차피 주어진 삶의 여행을 하는 경우가 많기 때문에 세상의 바다에 뛰어 들어야 합니다. 세상에 나가서 할 수 있는 일을 찾아야 되고, 이를 위해 준비를 해야 하고, 필요한 사람도 만나야 되고 필요한 곳에도 가야 합니다. 세상 엿보기는 관계의 여행인 것입니다. 일과 사람과 자연과 함께 하는 관계의 여행인 것입니다.

세상에 나가 여행할 때 가장 중요한 선택은 직업을 갖는 일입니다. 요즘은 직업이 너무 다양해지고 빨리 변화하기 때문에 세심한 준비가 필요합니다. 현재 우리나라에는 12,000여 가지 정도의 직업이 있다고 합니다. 이러한 직업 가운데, 세상에서 희소재로 여기는 직업이 있는가 하면 기피하는 직업도 있습니다. 어떠한 직업이든 소명감을 갖고 최선을 다하는 일이 세상의 바다를 헤엄치기 쉬운 방법 중 하나입니다. 작은 것에 충성하고 최선을 다하게 되면 큰 것을 얻게 되기도 하기 때문입니다. 직업을 갖기 위해서는 학교 공부도 중요하고 직업에 필요한 전문성을 갖는 것이나 자격증을 갖는 것도 중요합니다. 요즘은 외국어 능력, 정보처리 능력, 문제해결 능력, 창의적 사고 등 중요한 준비가 요구되기도 합니다. 그러나 우리나라 30대 기업에서 요구하는 인재상 중에 공통적으로 가장 중요시 여기는 덕목은 '사람이 되는 것'이라고 합니다. '사람이 되는 것'의 의미는 인격이 형성되고 인성이 아름답고 다른 사람과 잘 어울릴 수 있는 품성을 얘기하는 것이지요. 그리고 창의성과 열정과 도전정신을 요구하는 것입니다.

직업을 갖는 것이 세상에 나가는 데 있어서 가장 중요한 선택이라고 하면, 또 하나의 중요한 선택은 어떻게 살 것인가와 누구와 함께 살 것인가 입니다. 이 모두 삶의 철학에 관련된 것이지요. 반려자, 부모, 친구, 믿음 등과의 만남과 관련된 것입니다.

세상에 나가기의 근본은 만남에 대한 준비인 것입니다. 언제, 어디서, 누구와, 어떻게, 만나느냐가 중요하듯 만남에 대한 자신의 튼튼한 기반마련이 매우 중요한 셈이지요. 직업을 수행할 때에 여러 사람과 만날 수도 있습니다. 여러 가지 일을 할 수도 있습니다. 그리고 여러 곳을 갈 수도 있습니다. 이러한 만남을 통해 세상으로 나가는 여행은 시작된 것입니다. 아마도 세상에 나가는 여행은 삶의 끝을 맺을 때 까지 계속 될 것입니다. 직업도 그렇고 사람들과의 만남을 통한 관계도 그렇고 종교를 갖는 것도 그러합니다. 특히 직업과의 만남은 은퇴까지 가지만, 사람들과의 만남과 사회생활은 죽음에 이를 때 까지 계속 될 것입니다. 우리의 삶에는 끝이 있지만 은퇴는 없기 때문입니다.

삶의 여행에는 몇 가지 중요한 발달과업이 있습니다. 성인 초기에는 반려자의 선택, 직장의 선택, 가족구성요원으로서의 새 출발, 자녀양육, 가정의 관리, 사교집단의 선택, 시민으로서의 책임 과업들이, 성인 중기에는 반려자의 성숙된 인간관계, 사회와 공민적 책임의 성취, 경제적 안정유지, 행복하고 책임있는 성인이 되도록 10대 자녀를 보살피는 과업, 직장 내에서의 인정과 승

진과 관련된 과업, 노부모의 봉양과 적응과업, 성인오락 취미활동의 개발 과업들이, 성인후기에는 신체적 쇠약과 노화에의 적응, 은퇴와 수입감소에 대한 적응, 반려자와의 사별에 대한 적응, 만족할 만한 삶을 확립하는 등 삶의 여행과 관련된 중요한 과업들입니다.

### 일과의 여행

삶의 여행 가운데 얼마를 살았느냐에 따라 한 일과 할 일의 비율이 정해집니다. 오래 사신 분은 한 일이 많을 것이고, 적게 사신 분은 할 일이 많을 수 있습니다. 그러나 오래 살았다고 해서 한 일이 많은 것은 아닌 경우도 있습니다. 오래 살지 않았지만 한 일이 많은 사람이 있는 경우도 있습니다. 한 일과 할 일을 합해서 한 인간의 삶의 여행에 대한 가치가 결정되기도 합니다. 많은 일과 많은 것을 남겼을 경우, 그의 삶의 여행은 성공한 것이지요. 그러나 그 반대의 경우는 성공한 삶의 여행이 아닌 경우가 많습니다.

한 일 중에서 잘한 일도 있고 잘못한 일도 있을 수 있습니다. 잘한 일은 더 잘할 수 있도록 가꾸고 잘못한 일은 고치는 일이 삶의 여행 가운데 가장 중요한 일 중 하나입니다. 할 일을 준비할 때는 더 더욱 그렇습니다. 한 일을 돌아보고 고칠 것을 고쳐 할 일을 준비할 때 아름다운 삶의 여행이 되기 때문입니다. 한 일이 많은 사람은 상대적으로 지혜가 많은 사람입니다. 과거가 많기 때문에 경험 속에서 얻어진 지혜인 것이지요. 그러나 한 일이 없고 할 일이 많은 사람은 상대적으로 경험이 적기 때문에 지혜가 부족할 경우가 많습니다. 젊은이들은 경험이 부족하기 때문에 용기가 있고, 미래에 대한 꿈이 있고, 할 일이 많지만 지혜가 부족한 이유가 이 때문입니다. 삶의 여행 가운데서 한 일이 많은 사람과 할 일이 많은 사람이 만나 서로 지혜를 나누는 것이 성공한 삶의 여행을 만드는 길이기도 합니다.

삶은 반복할 수 없는, 연습할 수 없는 귀한 여행이기 때문에 지혜를 얻고 지혜 위에 용기를 갖는 것이 중요합니다. 한 일은 한 인간의 삶을 평가하기도 하지만 기여한 사회에 대한 평가도 되기 때문입니다. 할 일은 예측이 어려운 미래의 일이기 때문에 많은 준비와 신중함, 나눔과 지혜가 필요한 것입니다.

생애 발달 심리학이나 평생교육에서는 한 해 동안 순탄하게 삶의 여행을 살았는지 순탄하지 못한 일 년을 살았는지를 점수로 환산하여 판단하는 척도가 있습니다. '삶의 충격 척도(Life Impact Scale)'라 불리우는 이 척도는 일 년 동안 어떤 삶의 충격이 있었는지를 점수화 하는 것입니다. 예를 들어, 반려자의 죽음을 그 해에 경험했다면 60점이 되는 것이지요. 가장 충격이 큰 점수입니다. 점수가 높을수록 평탄한 삶을 살지 않았다는 의미입니다. 할 일은 비전과 지혜, 용기와 준비가 필요한 삶의 여행 부분입니다. 할 일에서 마음에 담아 둬야 할 부분도 있습니다.

- 미래는 준비된 자의 것입니다.
- 미래는 변화가 많은, 예측할 수 없는 것입니다.
- 미래는 창조적 소수에게만 유리한 것입니다.
- 미래는 용기가 없는 자의 것이 될 수 없습니다.
- 미래는 세계를 장으로 하는 네트워크가 중요합니다.
- 미래는 다문화에 대한 이해없이 여행이 어렵습니다.
- 미래는 첨단 가상세계와 모바일혁명의 세계를 여행을 해야 합니다.
- 미래는 시간과 장소와 연령을 초월한 세계로의 여행을 해야 합니다.

이렇듯 삶의 여행에서 해야 할 일과 할 일은 자기 뜻대로만 할 수 없습니다. 때로는 커다란 환경의 변화에 따라 적응할 수 없는 경우도 있고 어떤 때는 하기 싫지만 꼭 해야 하는 일들도 있습니다. 더구나 엄청난 모바일 혁명과 콘텐츠 혁명, 디지털세계의 대혁명은 앞으로 해야 할 일에 대한 커다란 변화를 가져다주기도 할 것입니다. 그래서 빌 게이츠 같은 사람은 클릭 하나만 하면 온 세계를 볼 수 있는 세기라 하여 '손가락 끝의 세기(Fingertips century)'라고 부르기도 합니다.

삶의 여행에서 지금은 급격한 과학기술변화에 따라 인간의 많은 부분을 잃게 될 수도 있는 여행이 준비되어 있습니다. 한 일은 경험을 통해 한 개인에게 지혜를 주지만 할 일은 온 인류의 지혜를 통해서만 해결될 수 있는 삶의 여행 과제가 될 것입니다. 그러나 많은 경험이 있고 실수를 통해 지혜를 얻는다고 해도 우리는 또 똑같은 실수를 하며 여행을 한다는 것을 잊지 마십시오. 우리는 허물과 실수에서 벗어날 수 없는 약한 존재이기 때문입니다.

# 마음열기와 마음닫기

우리 삶의 여행은 만남의 여행과 같습니다. 새로운 것들, 새로운 환경, 새로운 사람들과 끝없는 만남이 계속되는 여행입니다. 봄이 되면 꽃들과 만나고 여름이 되면 푸른 숲과 만나며 가을에는 아름다운 단풍과 만납니다. 이렇게 자연과의 만남도 우리 여행의 중요한 부분이지만 어떤 사람은 이러한 자연과의 만남을 귀히 여기지 않거나 만나지 못하며 삶의 여행을 하는 경우도 있습니다. 계절의 바뀜도, 꽃이 피고 짐도, 낙엽이 지는 의미도 눈여겨보지 못하고 사는 것입니다. 무엇보다 사람들과의 만남은 매우 의미가 있습니다. 태어나 어머니와 만나고 아버지와 가족과 만나지만 세상에 나와서는 타인들과 만남을 갖게 됩니다.

타인은 타인일 뿐 자기가 될 수 없고 가족들보다 먼 느낌을 갖게 됩니다. 그러나 타인 중에 자기 마음을 빼앗아 가기도 하고, 마음에 큰 상처를 주기도 하고, 심지어는 육체적 고통을 주는 경우도 있습니다. 이와 반대로 타인들이 아름다움을 주기도 하고, 용기와 희망을 주기도 하며, 잃어가는 생명을 살리기도 합니다. 타인과의 만남을 통해 동행하는 삶의 여행은 우리의 숙명 같은 것이기도 합니다.

중요한 것은 어떤 사람을 어떻게 만나 관계의 여행을 떠나느냐입니다. 타인과의 만남의 여행과 헤어짐의 여행이 반복되는 긴 여정 중에서 아픔없이 가는 여행이 상처와 아픔의 여행보다 더 나을 수 있기 때문입니다.

## 잘못된 만남

어떤 만남이든 우연한 만남은 없습니다. 만남에는 만나야 될 사연이 있고, 만나야 될 장소가 있고, 만날 수밖에 없는 숙명같은 것이 있습니다. 많은 만남 가운데서도 때로는 악연이라고 하는 만남도 있을 수 있습니다. 어떤 100년의 여행자는 끊임없이 잘못된 만남을 본의 아니게 만나게 되는 경우도 있습니다. 만나고 헤어지고 또 만나는 사람마다 상처를 남겨주고 아픔과 미련을 남겨주기도 합니다. 잘못된 만남은 자기 선택처럼 보이지만 선택이 아니라 주어진 경우가 많습니다. 잘못된 만남은 삶에 대한 생각을 비뚤어지게 만들기도 하고, 절망감에 쌓이게 되기도 하고, 미움에 휘말리게 하기도 합니다. 잘못된 만남이 많으면 많을수록 여행은 힘들어지고 자기가 가고자 하는 여행의 끝에는 슬픔, 좌절, 아쉬움, 미움, 분노만 남게 되는 경우도 있습니다.

어떤 사람은 자신과는 전혀 다른 유형의 어머니를 만나기도 하고, 아버지를 만나기도 하고, 가족들을 만나기도 합니다. 많은 심리학자들이 만남에 관한 연구들을 해 왔습니다. 에릭 프롬, 부버, 해리스, 마이어스와 브릭스, 칼 로저스 등은 잘못된 만남보다는 서로 다른 유형의 사람들이 잘못 적응했기 때문이라고 합니다. 잘못된 만남을 통해 받은 상처는 일생을 두고 지울 수 없어 괴로워하고 자기를 파괴하는 경우도 있습니다. 세상에 나와 친구와 만났을 때도 잘못된 친구와 만나 삶 전체를 파괴해 버리는 경우도 있습니다. 직장에서도 동료나 상사들과의 잘못된 만남 때문에 많은 아픔을 겪는 경우도 있습니다. 무엇보다 결혼 상대자를 잘못 만났을 경우 그의 삶은 완전히 고통의 늪으로 빠지는 경우도 있습니다. 이런 경우 자신은 물론이려니와 자식들, 남편 혹은 아내, 친척들 모두에게 아픔의 바다를 만들기도 합니다. 잘못된 만남은 가능한 한 없기를 기도해야 하지만 어쩔 수 없는 경우도 있습니다. 그러나 잘못된 만남은 자신의 선택일 경우도 있고 주어진 경우도 있습니다. 주어진 경우이든, 자신이 선택한 경우이든 서로 맞지 않는 만남은 자신도 절반의 책임이 있다는 것을 잊지 말아야 합니다. 그러나 우리의 삶 가운데 잘못된 만남의 예는 많습니다.

- 예수와 유다
- 다이애나와 찰스황태자
- 오나시스와 재클린 캐네디여사
- 황진이와 서경덕
- 로미오와 줄리엣
- 카르멘과 투우사
- 클레오파트라와 그의 연인들
- 베르테르와 샤르로테
- 이순신과 원균
- 이조시대의 중전마마와 후궁들
- 유대와 아랍

이렇듯 역사 속에서나, 개인의 차원에서나, 사랑하는 관계에서나 모두 잘못된 만남이 있을 수 있습니다. 잘못된 만남의 경우 우리가 늘 생각해야 할 것은 자기 자신입니다. 다른 말로 말하면 잘못된 만남이 많지만 잘못된 만남은 자기가 자기를 어떻게 바꾸어 가느냐에 따라 달라질 수 있습니다. 삶의 여행에서 잘못된 만남의 가능성은 많습니다. 그러나 잘못된 만남이 이루어졌을 경우 잘못된 만남을 바꾸려는 노력도 필요합니다.

- 있는 그대로 받아들이십시오.

- 차이를 존중하십시오.
- 차이는 열등함이 아니오, 싫어함도 아니오, 차별하는 것도 아닙니다.
- 만남은 차이를 메꾸는 것이고 단점을 장점으로 바꾸는 일입니다.
- 자기를 바꾸면 세상은 바뀌어 집니다.
- 자기를 사랑하면 남을 사랑하게 됩니다.
- 참음과 섬김, 용서와 이해는 가장 큰 삶의 무기입니다.
- 나쁜 사람이 있을 수 있습니다.
- 나쁜 사람에게도 좋은 면이 반드시 있습니다.
- 고치려하지 마십시오.
- 이해하려 하십시오.
- 완벽한 사람은 없다는 것을 아십시오.
- 누구나 실수를 할 수 있다는 것을 잊지 마십시오.

## 아름다운 만남

삶의 여행에서 가장 축복된 일은 아름다운 사람들과 아름다운 만남을 갖는 것입니다. 가장 아름다운 만남은 아름다운 부모와 만나는 일입니다. 그리고 절대자와의 만남입니다. 아름다운 만남은 삶의 여행 가운데서 잘못된 만남 못지않게 가능성이 많은 만남입니다. 아름다운 친구와의 만남, 아름다운 스승과의 만남, 아름다운 연인과의 만남, 아름다운 반려자와의 만남, 아름다운 직장동료와의 만남, 아름다운 멘토와의 만남 등 아름다운 만남으로 삶의 여행에 축복을 받는 사람들도 많습니다. 아름다운 사람들이 만나 아름다운 만남을 유지할 때 그 아름다움은 몇 배 더 빛이 나기 마련입니다. 사랑이 있고, 용서가 있고, 배려와 섬김이 있고, 나눔이 있고, 배품이 있고, 사랑의 언어가 있기 때문입니다.

아름다운 만남을 위해서는 자기가 아름다워야 합니다. 자기가 아름다워지기 위해서는 늘 자신의 마음을 아름답게 가꿔야 합니다. 마음에서 지울 것은 지우고, 가꿀 것은 심고 가꾸어야 합니다. 아름다운 생각을 하십시오. 아름다운 것을 보십시오. 그리고 아름다운 눈, 코, 입을 가져야 합니다. 아름다운 만남은 자신의 아름다움이 빛날 때 가능성이 더 높아지기 때문입니다. 자신의 아름다움이 갖추어졌을 때 아름다운 사람들과 아름다운 만남을 할 수 있습니다. 추한 입으로, 더러워진 귀로, 탁한 눈으로 아름다움을 볼 수는 없습니다.

- 아름다움을 보는 눈을 가지십시오.
- 아름다움을 듣는 귀를 가지십시오.
- 아름다운 말을 하는 입을 가지십시오.
- 아름다움은 나눔입니다.

- 아름다움은 보이는 데만 있는 것이 아닙니다.
- 진정한 아름다움은 눈으로 볼 수 없는 곳에 있습니다.

### 스승과의 만남

우리의 만남 가운데 가장 값진 만남 중에 하나는 스승과의 만남입니다. 스승을 만나지 못한 사람은 '마음의 고아' 혹은 '학문의 고아' 가 될 수도 있습니다. 스승은 부모와도 같고 마음의 기둥과도 같으며 삶의 동반자이자 안내자이기도 합니다. 따라서 스승을 마음에 담는 일은 매우 중요합니다.

- 스승은 만남의 꽃입니다.
- 스승은 뜻을 세우는데 큰 도움이 됩니다.
- 스승은 동반자이자 인도자이고 후견인입니다.
- 스승은 전수자이자 전문가입니다.
- 스승을 사랑함은 자기를 사랑하는 일과 같습니다.
- 스승은 먼저 난 자요, 먼저 된 분입니다.

이렇듯 스승은 뜻과 생각을 공유하는 관계이자 아름다움을 키우는 관계의 만남입니다. 여행 가운데 아름다운 스승과의 만남도 많이 볼 수 있습니다.

- 예수와 베드로
- 석가와 아난
- 플라톤과 아리스토텔레스
- 공자와 제자들
- 송시열과 윤증
- 정약용과 황상
- 이황 과 이이
- 효봉스님과 구산, 법정

스승은 지혜와 명철을 주기도하고 길을 인도하기도 합니다. 스승과의 만남은 눈을 뜨는 만남, 가까이 가기에는 멀기도 한 만남입니다.

# 세상 속에서 자기보기

인간이 하루에 생각하는 것이 2만 여개가 넘는다고 합니다. 이토록 자기와의 만남의 시간이 많은 것이지요. 자기와의 만남은 자기의 생각, 자기의 행동, 자기의 태도, 그리고 타인과 관련된 느낌과 생각들은 물론이고 자기가 사는 주변 환경과 관련된 것들도 있습니다. 과거는 물론이고 현재와 미래, 먼 미래까지도 생각하며 자기와 만남의 시간을 갖습니다. 자칫 잘못하다가는 자기고집에 빠지기 쉽고, 자기밖에 모르게 되고, 자기애에 빠지는가 하면, 자신의 한계에 부딪쳤을 때는 자기를 망가뜨리거나 미워하기도 합니다. 자기와의 만남은 자기 이외의 타인이나 부모, 형제, 그리고 자연과의 적절한 조화가 이루어지지 않을 경우에는 자기중심적인 생각에 사로잡힐 수도 있습니다. 자기는 자기 것이 아닐 경우가 많습니다. 또 자기는 온전히 남의 것이 될 수 없습니다. '주아리스 창'이라는 인간관계와 심리학 이론에서 보면 노출해야 될 부분과 노출해서는 안될 부분 간에 건전한 조화가 이루어진 사람만이 건전한 성격을 형성할 수 있다고 합니다. 이렇듯 자기와 타인, 사람과 자연, 생물과 무생물, 지적인 판단과 감성적인 판단, 육체적인 것과 정신적인 것의 조화가 이루어지면 아름다운 자기와의 만남을 이룰 수가 있습니다.

많은 사람들이 자기와의 만남에 실패하는 경우가 많습니다. 그 이유는 자기가 최고이고, 자기가 가장 올바르고, 자기가 가장 아름답다는 생각에 빠지기 쉽기 때문입니다. 또 다른 이유는 자기가 갖고자 하는 것, 자기가 얻고자 하는 것, 자기 곁에 두고자 하는 것들에 집착하여 자아를 잃어버리는 경우가 많기 때문입니다. 또 다른 이유는 자기를 지나치게 비하하거나, 미워하거나, 자신감을 잃어버리거나 하는 경우가 있는가 하면 다른 사람에게 맹종하는 태도를 갖게 됨으로써 자기와의 만남을 잃어버리는 경우가 있습니다. 자기와의 만남은 자기를 사랑함에서 출발해야 되고, 이렇게 건전한 자기사랑을 통해 타인을 사랑하고, 환경을 사랑하고, 모든 것을 긍정적으로 볼 때만 성공적인 자기와의 만남이 될 수 있습니다. 자기를 사랑하는 것은 자기익애(나르시즘)여서는 안되며 타인비하적 자기애여서도 안 됩니다. 타인과 자신을 동등한 인격체로 볼 때 자기와의 만남은 자기사랑이 될 수 있고 타인사랑이 될 수도 있습니다.

정보화 사회가 된 이후에는 자기자폐증에 빠져있는 경우가 많습니다. 말은 하되 듣지를 못하고, 듣기는 하되 이해를 못하고, 행동을 하되 옳은 행동을 하지 못하고 오직 자기세계에 갇혀 객관적 잣대를 잃어버리는 경우가 많기 때문입니다. 이어폰을 끼고 혼자 웃기도 하고, 혼자 중얼거리기도 하고, 옆에 어떤 사람이 지나가는지, 차가 오는지, 위험에 처해 있는 지도 분별하지 않고, 스마트폰을 통해 흘러나오는 음악이나 검색어들에 매몰되기도 합니다. 또 문자를 보내는 데만 온 정신이 팔려 자신의 삶에 대한 청사진을 그리거나, 과거에서 지혜를 얻는 일이나, 다른 사람과의 진지한 대화를 통해 지혜를 얻기보다는 인터넷에 매몰되는 경우도 많아 진정으로 자기와의 만남이 이루어지지 못한 경우가 많습니다.

자신을 잃어가는 세대에게는 진정한 자기와의 만남이 어려울 수 있습니다. 쉽게 좌절하고, 분노하고, 슬퍼하고, 감동하는 요즘의 세대에게는 냉철한 자기와의 만남은 어려울 수 있습니다. 자기와의 만남은 자기를 비워두는 것이오, 자기를 채워가는 것이오, 자기를 사랑하는 것이오, 자기를 훈육하는 일입니다. 자기와의 만남의 시간은 홀로일 때 가장 값진 자기와의 만남이 이루어 질 수 있습니다. 타인과의 만남을 통해 자기를 비추어 볼 경우를 제외하고는 타인과의 만남은 진정 자기와의 만남이 될 수는 없습니다.

이 시대를 '자기가 없는 자기의 시대(I-less, me-society)'라 부를 수 있습니다. 그리고 '입만 있고 귀가 없는 사회' '사회적 자폐증후군 사회'로 부를 수도 있습니다. 자기를 모르면서 자기만 아는 자기중심의 사회인 것이지요. 자기와의 만남의 여정은 자기를 진정으로 알려는 노력과 자기를 진정으로 사랑할 때 가능합니다.

성지순례의 한 코스인 스페인의 산티아고는 성지순례를 위해 걷는 사람이 많다고 합니다. 긴 길을 걷는 동안 짐은 가볍고 홀가분하게 갈 때 성공적으로 산티아고로 갈 수 있다고 합니다. 무거운 짐을 내려놓고, 자기를 비우고, 한 발자국 떨어져 자신을 돌아보는 지혜가 있을 때, 자기와의 여행은 값진 여행이 될 것입니다.

자기와의 만남을 위해서는 꼭 마음에 담아야 할 일들이 있습니다.

- 자기생각을 정리하기
- 타인과의 만남을 자기의 만남으로 전환시키기
- 자기를 훈육하기
- 자기를 채워가기
- 자기를 비워가기
- 자기를 사랑하기
- 자기를 존중하기
- 자기체험을 늘려가기
- 영혼과 육체를 조화시켜보기
- 있는 그대로 받아들이기

## 빈 둥우리 증후군(홀로되기)

우리의 삶의 여행은 항상 채워지는 것만도, 항상 얻어지는 것만도 아닙니다. 바라던 것이 이루어지는 것만도 아닙니다. 꿈을 꾸는 것이 실현되는 것만도 아닙니다. 태어나서는 얻으려 합니다. 가지려 합니다. 그리고 성인이 될 때까지 지속적으로 채우고, 얻고, 자기주장을 하고 배우기를 게을리 하지 않습니다. 그러나 40대가 되면 이러한 열정과 꿈을 실현하기 위한 부단한 도전은 벽에 부딪히는 경우가 많습니다. 이 시기에는 남자들의 경우 중견사원이 되어 있거나 자기영역에서 가장 왕성한 활동을 하는 시기이기도 합니다. 꿈을 꾸되 그 꿈은 젊었을 때의 꿈과는 달리 아주 현실적이고 아주 실제적인 눈높이에 맞춰져 있는 경우가 많습니다. 이때 많은 사람들은 삶에 대한 회의와, 직장에 대한 피곤함과, 과정에 대한 중압감 때문에 좌절하거나 방황하거나 심지어 마음에 상처를 안기도 합니다.

이 시기는 빈 둥우리 증후군이 나타나는 시기이기도 합니다. 한 가정의 예를 보면 사춘기를 맞는 자녀들과 제 2의 사춘기를 맞는 부모들이 공존하는 형태를 갖게 됩니다. 이 시기에는 가정이 가장 불안정한 시기가 되기도 합니다. 아이들은 아이들대로, 부모는 부모대로 생애 여행에서 질풍과 노도의 감정을 갖게 되기도 합니다. 자녀들은 부모들에게 불만을 갖게 되고 부모들은 삶에 지쳐 좌절하거나 삶의 의미를 상실하는 경우도 있습니다. 자녀들은 다 성장해서 자기의 갈 길을 가는 모습을 보이기도 하는데, 자신은 이제 인생의 중반부로 접어든다는 초조함과 자기가 하는 반복된 일상에 대한 지루함과 무의미함 때문에 방황하거나 좌절하는 경우가 있습니다. 가정은 있되 가족이 없고, 반려자가 있되 마음에 안을 수 있는 반려자가 없는 감정을 갖게 됩니다. 이 시기를 흔히 빈 둥우리 증후군의 시기라고 합니다. 가정주부는 일상의 반복된 가사 일에 지쳐 의미를 찾지 못하고, 남편 또한 직장 일에 매몰되어 지쳐 있어서 감정에 진정한 교류가 어렵고 장래에 대한 불안감과 자신에 대한 회의감을 갖게 되어 가족구성원 모두 각각의 생각과 행동을 하게 되는 경우도 많습니다. 이 빈 둥우리 증후군의 시기에는 가정에서도, 직장에서도, 그리고 반려자나 자식에게서도 마음에 안위를 찾지 못하는 경우가 있어서 때로는 제 2의 자기인생을 찾기 위한 방황이 이루어지기도 합니다. 술에 취한다거나, 일에 취한다거나, 취미생활에 취한다거나, 자식교육에 광적으로 매몰된다거나 하는 행동들을 통해서 자신의 무의미함과 좌절, 아픔을 극복하려고 하는 경우가 있습니다. 심지어 외도에 빠져들기도 합니다. 그러나 이 또한 자기상실에 불과합니다.

빈 둥우리 증후군에 속한 시기에는 몇 가지 마음에 두어야 할 점이 있습니다.

- 반려자 다시보기
- 자녀들을 심리적으로 떠나보내기
- 건전한 취미생활하기
- 가족구성원들 간에 대화하기
- 자신만의 시간 갖기
- 새로운 학습하기
- 가사 나눠하기
- 남편과 아내간의 공동취미생활하기
- 여행하기
- 글쓰기
- 함께 요리하기

## 제 2의 탄생(자기의 재발견)

우리의 여행은 긴 여행처럼 보이지만, 어떻게 보면 가장 짧은 여행 중에 하나입니다. 매미가 한 여름 며칠 울기 위해서는 땅 속에서 애벌레로 13년을 기다려야 됩니다. 우리의 여행은 100년의 여행이지만 자신만을 위한 시간을 가질 수 있는 것은 긴 시간동안의 기다림 끝에 매미처럼 짧은 시간만 가질 수 있을 뿐입니다. 긴 시간처럼 느껴지는 삶의 여행도 지나고 보면 짧은 여행일 뿐입니다. 삶은 화살처럼 빠르게 지나는 것이지요. 아껴 써야 하고 낭비

되어서는 안됩니다. 남을 미워하는 사람은 미워하는 사람을 위해 시간을 빼앗기는 것이오, 사랑한다하며 사랑에 빠지게 되면 사랑하는 사람에게 시간을 빼앗기게 되는 것이오, 먹고 입고 자고 하는 시간동안 빼앗기는 것입니다.

우리는 여행 가운데 서기 위해서 1년을 기다리고, 자기 판단을 하기 위해서 20년을 기다리고, 더 성숙한 판단을 하기 위해서는 40~50년을 기다리고, 성숙된 판단을 했다하면 이내 곧 늙어가 성숙된 판단을 잃게 되기도 합니다. 이렇듯 우리의 여행 중 진정으로 갖게 되는 자기 시간은 긴 것 같지만 가장 짧은 부분 중에 하나입니다. 자기와의 만남을 통해 다시 태어나는 일을 되도록 많이 할 때, 진정으로 값지고 긴 여행을 할 수 있습니다. 자기가 거듭나는 제 2의 탄생은 쓸모없는 생각들을 버리는 일, 즉 때 묻은 자기를 버리는 연습과 남을 통해 나를 보는 연습을 통해서 타인과의 관계를 아름답게 하는 학습이 가능합니다.

다시 태어나십시오. 그 때 우리의 여행은 자기와의 만남을 통해 낭비하지 않는 긴 여행이 될 수 있습니다. 자기와의 만남은 시간과 공간을 초월할 수 있습니다. 삶에 연연하지 아니하고 죽음 또한 지나치게 두려워하지 않을 수 있습니다.

흔히 종교에서 '거듭남'이라는 말을 합니다. 어떻게 보면, 진정한 자기와의 만남일수도 있고 완전히 자신을 비워 떠나는 것일 수도 있습니다. 제 2의 탄생은 가장 '인간답게, 가장 자기답게 어떻게 살 것인가?' '누구와 함께 살 것인가?' '무엇을 하며 살 것인가?'를 가장 자기 삶답게 재정립하는 일입니다.

'무엇을 입을까?' '무엇을 먹을까?' 하는 기본적 욕구에 매달리는 사람은 제 2의 탄생을 맛볼 수 없습니다. '무엇을 가질까?' '무엇이 될까?' 하는 생각에 빠져있는 사람도 제 2의 탄생을 맛볼 수 없습니다. 제 2의 탄생은 자기부정이 아니라 자기인정이고, 무엇인가 소유하는 것에 있는 것이 아니라 마음에 있는 것이고, 채움에 있는 것이 아니라 비움에 있기 때문입니다.

제 2의 탄생은 자기와 직면하는 일입니다. 자기의 내면적인 상처를 치유하는 일에서부터 출발하여 차이를 인정하고 있는 그대로 받아들이는 태도에서 가능합니다.

# 새 사람되기

## 과거와의 만남

우리의 삶의 여행은 과거와 현재와 미래로의 여행입니다. 이들 여행 가운데 가장 분명한 것은 과거와의 여행에서 만난 삶의 경험들입니다. 과거 여행의 끝자락은 현재이고, 현재의 끝자락은 미래가 되는 것입니다. 그러므로 과거와의 만남을 어떻게 직면하느냐에 따라서 현재의 삶이 좌우되는 경우가 많습니다.

생애 발달 심리학자들의 주장에 의하면 삶의 과정은 나뉘는 것이 아니라 연속되는 것이라고 합니다. 과거의 여행은 현재를 만들고, 현재는 절반의 과거이기도 합니다. 이 점에서 우리의 삶의 여행은 과거와의 만남을 어떻게 하느냐에 따라 행복해질 수도 있고 불행해 질수도 있습니다.

아름다운 과거를 가졌을 경우 아름다운 현재를 만드는 밑거름이 될 수 있습니다. 그러나 아름다운 과거만으로 아름다운 현재를 만드는 필요충분조건은 되지 않습니다. 아름다움은 마음에 남지만 현재의 아름다움 위에 덧칠되지 않으면 현재의 아름다움으로 승화될 수 없기 때문입니다. 과거와의 만남은 누구에게나 있는 삶의 과정입니다. 그러나 과거와의 만남에서 아픔을 되새기는 사람도 있고, 슬픔을 느끼는 사람도 있고, 그리움에 젖은 사람도 있습니다. 그러나 과거는 과거일 뿐 현재의 마음에 다시 되돌려 가득 담아 둘 수는 없는 것입니다. 과거의 상처는 현재의 아픔이 되기도 하고 심지어 미래의 아픔까지도 될 수 있습니다. 그러나 과거와의 만남을 아름답게 청산하는 용기를 가질 때만 과거의 상처는 현재의 아픔을 치유하는 묘약이 될 수도 있습니다. 과거의 가슴을 찌르는 아픔을 되새길수록 오늘은 슬픈 오늘이 될 수도 있기 때문입니다.

과거를 버리는 용기는 필요하지만 과거를 잊어버리는 잘못된 용기는 가져서는 안됩니다. 과거에서 얻을 수 있는 것은 얻어야 하고 버릴 것은 버려야 하는 지혜가 필요합니다. 과거를 끌어안고 살며 용기없는 현재는 슬픈 과거를 끌어안고, 미운 과거를 끌어안고 오늘마저 슬픈 오늘과 미움으로 만들 수 있기 때문입니다.

과거에 많은 사랑의 씨를 뿌린 사람은 오늘 사랑의 열매를 맺을 수도 있고 내일의 삶 가운데 사랑의 열매를 맺을 수도 있습니다. 미움의 씨를 뿌린 사람은 사랑의 열매대신 미움의 쓴 열매를 맛볼 수도 있을 것입니다. 함부로 사랑한다거나 미워한다고 하지 마십시오. 사랑도 미움도 다 뿌린대로 거두어야 하기 때문입니다. 오늘을 여행하는 우리는 과거와의 끊임없는 만남을 통해 현재를 조명하고 내일의 준비를 하기도 합니다. 과거를 어떻게 만나느냐에 따라 삶이 달라지는 이유가 바로 이 점 때문입니다.

과거와의 만남은 버릴 수 없는 우리 삶의 한 부분입니다. 과거를 다 잊을 수만 있다면 현재를 다시 쓸 수도 있지만, 과거를 다 잊을 수도 없는 것이 인간이기에 과거를 안고 현재를 살아야 합니다. 과거와의 만남은 가장 냉정한 마음으로 만나야 됩니다. 그럴 때 과거는 옳고 그름, 아름다움과 추함, 미움과 사랑, 위대함과 비천함 등이 가려질 수 있습니다. 현재의 삶의 여행 가운데서 과거와 만날 수 있는 과거체험여행을 하십시오. 마음속에서 과거와의 만남을 이룰 때 과거체험여행을 할 수 있는 것입니다. 마음속에서 지나온 과거를 다시 느끼고 내면의 깊숙한 곳에서 자신을 치유하려 할 때 과거와의 만남은 아름다움으로 승화될 수 있습니다. 과거 때문에 현재를 망치지 마십시오. 과거의 영광이나 업적 때문에 현재를 교만하게 살지 마십시오. 삶 앞에서는 누구든 겸손해야 합니다. 무엇을 했든, 무엇을 가졌든, 무엇을 느꼈든 과거는 과거일 뿐입니다. 과거와의 만남은 그래서 경건한 만남이 되어야 하는 것입니다.

## 제 2의 홀로서기

삶의 여행은 여러 사람이 함께 여행하는 것처럼 보이지만 결국은 자기 혼자의 여행인 것입니다. 태어남도 혼자요, 죽음도 혼자 맞이하는 것입니다. 우리의 삶의 여행은 홀로서기인 것입니다. 삶의 여행은 자기를 찾아 자기를 만나기 위해 스스로 아파하고, 좌절하고, 미워하며 어디로 가는지 모르면서 끝없이 가는, 되돌아갈 수 없는 여행입니다. 끝없는 홀로서기는 부모와의 만남, 친구와의 만남, 직장과의 만남, 사랑하는 연인과의 만남, 사회적 지위와의 만남, 종교적 절대자와의 만남을 통해 이루어집니다. 그러나 이러한 홀로서기는 자기를 만나게 하는 삶이 여행속의 동반자인듯 하지만, 끝내는 자기홀로 남기 마련입니다. 가슴속에 아픔을 남기기도 하고, 사랑을 남기기도 하고, 그리움을 남기기도 하고, 지울 수 없는 상처를 남기기도 하지만 이 모든 것들이 나의 홀로서기의 한 부분일 뿐입니다. 이 모든 것들은 왔다 가고 또 오고 또 갈 뿐입니다. 우리의 삶의 여행은 자기 혼자의 여행인 이유가 여기에 있습니다. 이러한 만남을 통해 지지대처럼, 버팀목처럼 우리 여행의 한 부분을 함께 할 수는 있으나 결국은 혼자 걷는 여행이기 때문에 이러한 지지대, 버팀목 없이 진정으로 자기의 삶의 여행을 떠나는 용기가 필요합니다. 이것이 바로 제 2의 탄생입니다.

기존의 틀을 벗어버릴 때 용기도 필요합니다. 위험한 도전도 필요합니다. 진정 자기가 누구인지, 자기 삶이 어디로 가는지, 어떻게 해야 되는지에 대해 진정한 도전이 필요합니다. 이러한 자기잉태의 산고를 통해 제 2의 탄생을 이루어야 합니다. 제 2의 홀로서기가 필요한 것입니다. 가장 자기답게, 사랑스럽게, 순수하고 정직한 모습이 되도록 자기를 다시 태어나게 하는 자기 잉태의 아픔을 경험해야 합니다. 내 삶에 붙은 군더더기를 다 털어내고 벌거벗은 자신의 모습으로 다시 돌아갔을 때 제 2의 홀로서기인 제 2의 탄생이 이루어 질 수 있습니다. 제 2의 탄생을 통해 두려움이 없는 삶이 될 수 있고, 미움도 사랑도 다 초월할 수 있는 삶이 될 수 있습니다. 사랑받기보다 사랑하기를 즐기고, 갖기보다 나눔을 즐기고, 섬김을 받는 것보다 섬김을 하는 삶으로 바뀔 수 있습니다. 뜨겁지도 차갑지도 아니한 삶이 아니라 열정으로 끓는 뜨거운 삶이 될 수 있습니다. 오래 살려 하지 아니하고, 값지고 용기있는 삶을 살 수 있습니다. 결국 혼자인데 두려움이 있을 수 없습니다. 여럿이 함께 걸어도 홀로요, 여러 곳에 가서 중심을 잃지 않고 홀로 서는 일도 변함없이 한 곳에 머무는 것이오, 많은 것을 가져도 갖지 않는 것이오, 높임을 받아도 높다고 생각하며 교만하지 않은 것이오, 겸손하고 정직하고 봉사하는 삶으로 변화하는 일입니다. 이럴 때 제 2의 홀로서기와 제 2의 탄생은 이루어지는 것입니다. 혼자이기에 외로울 수도 없고 외로워지지도 않습니다. 그래서 제 2의 탄생은 삶의 여행 가운데서 언제나 마음속 깊이 자리 잡은 숨겨놓은 마음의 밭이기도 합니다. 마음의 밭을 자기 홀로 여행하는 용기의 밭으로, 사랑의 밭으로 바꾸는 일이 우리 삶의 여행에서의 제 2의 탄생입니다.

### 떠남의 미학

우리의 삶의 여행은 만남의 여행이자 떠남의 여행이기도 합니다. 만남 후에 떠남이 있기도 하지만 만남없이 떠나버리는 경우도 많습니다. 육체적인 만남, 생체적인 만남의 경우는 만남 후에 떠남이 있지만, 영적인 심리적인 만남의 경우에는 만남없이 떠나버리는 경우도 많습니다. 떠날 때는 기쁨보다 고통과 슬픔이 많은 경우가 있습니다. 떠날 때 홀가분하다는 느낌을 갖는 경우도 있을 수 있지만, 떠날 때는 언제나 아쉬움과 작별의 슬픔이 따를 경우가 많습니다. 떠날 때 많은 말을 하지 마세요. 떠날 때 너무 미련을 갖지도 마세요. 떠날 때 마음에 상처를 가득 안고 떠나지 마세요. 떠남은 우리 삶의 여행 가운데 어쩔 수 없는 과정의 하나입니다. 정이 많은 혈연사회에서 떠날 때는 언제나 떠남의 아픔이 너무 커서 일생을 떠나보낸 아픔의 멍에를 안고 사는 경우가 많지만 요즘처럼 관계중심사회에서는 떠남이 일상이 되었습니다. 이러한 만남을 흔히 '기저귀갈이 같은 만남'이라고 합니다. 이러한 만남은 마치 어린아이가 용변을 보고 기저귀를 갈아치우듯 만나서 용무가 다 끝나면 헤어지는 것을 말하는 것입니다. 어떤 사람은 하루에도 수십 명, 심지어는 수백 명을 만나 악수하고 헤어지는 경우도 있습니다. 이렇듯 어린아이가 기저귀를 가는 것처럼 필요할 때 관계를 하다가 임무가 끝나면 헤어지는 인간관계인 것이지요. 한 인간이 태어나 많은 사람을 만나지만 그 중 몇 사람의 진실한 관계만 갖는다 해도 성공한 인간관계라 할 수 있습니다. 진실한 만남이 이토록 귀하기 때문입니다.

마찬가지로 헤어짐 또한 귀한 헤어짐이 있는가 하면 일상 만나고 헤어지고 만나고 떠나고 하는 경우가 많습니다. 헤어짐의 아름다움은 떠나는 뒷모습에서 볼 수 있습니다. 아름답게 헤어지는 방법은 감정의 골이 깊을 때나 떠나보내고 싶지 않을 때 더 필요한 것입니다. 그러나 아름답게 보내드리십시오. 아름다운 이별은 아름다운 재회를 약속 할 수도 있습니다. 떠남의 미학은 아름다운 이별 속에서 찾아볼 수 있습니다. 삶의 여행에서 만남 못지않게 떠남이 아름다워야 할 이유가 여기에 있습니다. 이별은 떠나는 사람과 떠나보내는 사람간의 아름다운 관계 속에서만 아름다워질 수 있습니다. 떠나보내는 자세가 더 중요한 것입니다. 떠나보내는 것은 떠나는 사람 못지않게 아픔을 안고 떠나보낼 수도 있고 아쉬움과 미련 속에 보낼 수도 있습니다. 그러나 이별의 순간순간마다 이별을 해야 되는 이유가 있습니다. 이별을 억지로 막으려 해서도 안되고 억지로 붙잡아서도 안됩니다. 마음이 떠난 사람은 다시 돌아오지 않습니다. 특히 사랑을 지운 사람은 영원히 돌아오지 않습니다. 마음속에 있는 아픔이 있습니까? 그 아픔도 떠나보내십시오. 마음속에 미움이 있습니까? 그 또한 떠나보내십시오. 마음속에 좌절과 분노가 있습니까? 떠나보내십시오. 안에 아름다운 이별을 가로막는 감정의 찌꺼기들이 남아있습니까? 이러한 감정의 파편들 때문에 아름다운 이별이 이루어 질 수 없습니다.

아름다운 떠남의 미학은 자기감정을 추스르고 타인을 마음 편하게 떠나보냄으로써 가능한 일입니다. 아름다운 이별은 마음에 빚을 갚는 일이기도 하고, 헤어짐으로 자신을 다시 볼 수 있는 시간을 갖기도 하기 때문입니다. 죽은 남편이나 아내를 수십 년 동안 잊지 못해 그리움의 끈을 잡고 사는 아내와 남편들의 변하지 않는 마음은 아름다운 것입니다. 그러나 천상에서 다시 만나 재회할 때, 그 사람이 기뻐할 삶을 사는 것 또한 귀한 일입니다. 그리움의 끈을 자신의 재발견과 재회의 꿈으로 승화시키는 일이기 때문입니다.

이처럼 우리의 삶은 가는 사람을 보내고 오는 사람을 맞는 여행입니다. 그 중 영원히 돌아올 수 없는 긴 여행을 떠나는 경우도 있습니다. 붙잡을 수도, 놓을 수도 없는 아픔이 함께 하는 헤어짐일 수 있습니다. 그러나 우리의 일상은 가는 사람을 보내는 것도 오는 사람을 맞아하는 일도 다 삶의 한 부분이기 때문에 아름답게 보내십시오. 어떤 이별이든 아름답게 헤어짐을 가질 수 있는 지혜와 용기가 필요합니다.

## 또 다른 만남

헤어짐 뒤에는 다른 만남이 있고, 떠남 뒤에도 다른 만남이 있습니다. 삶은 만남과 헤어짐의 연속이기 때문입니다. 또 다른 만남은 새로운 대상과의 새로운 만남일수도 있고 헤어진 사람과 재회를 통해 다시 또 만남인 경우도 있습니다. 만남이 또 다른 만남이 되는 것은 헤어지고 다시 만날지라도 새로 시작하는 만남이기 때문입니다. 사랑하는 관계에서도 그렇고, 일과 관련된 만남에서도 그렇고, 절대자의 믿음과 관련된 만남도 그러합니다. 우리의 삶은 항상 아름다움과 위대함, 부유함, 높아짐, 그리고 인정받는 것과 채우는 것으로 만족하는 경우도 많기 때문에 헤어짐 뒤에는 허전함과 아픔, 고통이 수반되기 때문입니다. 떠남 뒤에도 헤어짐과 마찬가지로 허무함, 그리움, 아쉬움으로 남는 경우도 많습니다.

우리의 삶은 환희와 기쁨과 주체할 수 없는 사랑의 순간도 있지만 이 순간은 비온 뒤 하늘위의 무지개처럼 잠시 우리 곁에 머물다 쉬이 떠나기 때문에 그리 길지 않습니다. 더구나 주체할 수 없는 쾌락의 경우는 반드시 불쾌함을 수반하는 경우가 많습니다. 그래서 우리의 삶은 불교에서 '고해'라고 했고 삶 그 자체는 '아픔'이라 했습니다. 지나친 쾌락은 대개 후회와 허전함과 공허함이 따르기 마련입니다. 이러한 감정을 해소하기 위해 더 강한 쾌락을 찾기 마련입니다. 이러한 쾌락의 반복은 결국 중독현상이 되기도 합니다. 술과 마약 그리고 성이나 도박에 빠지는 것은 거기에서 얻어지는 쾌락에서 벗어날 수 없기 때문입니다. 조금 다르지만 명예나 돈, 지위, 권력, 인기 또한 비슷합니다. 그럼에도 우리의 삶의 여행 가운데 쾌락과 환희와 기쁨과 사랑을 찾아 불나비처럼 끝없이 날아다니는 경우가 많습니다. 그러나 기쁨과 환희와 사랑은 사막과 같은 우리 삶 가운데 신기루일 뿐입니다. 기쁨을 위해 많은 준비를 하고, 잠시의 기쁨을 누린 후 또 다른 기쁨을 위해 많은 시간을 준비해야 합니다. 사랑과 환희 또한 마찬가지입니다. 우리의 또 다른 만남은 이러한 우리 삶에 기쁨, 환희, 사랑, 쾌락에 연관된 마음 깊은 곳에서의 바람 때문에 이별을 채우고 헤어짐을 채우는 여행의 일부분입니다.

우리 삶의 여정 속에서 새로운 만남이 또 다른 만남을 만들듯이 헤어짐은 또 다른 만남을 만듭니다. 사랑에 취해 울어보십시오. 기쁨에 취해 울어보십시오. 환희에 젖어 숨 막히는 흥분도 느껴보세요. 이 모든 것이 우리의 삶의 여행 가운데 또 다른 만남 후에 일어날 수 있는 일들입니다. 또 다른 만남을 위해 헤어짐을 쉽게 생각해서도 안 됩니다. 쉽게 헤어짐은  또 다른 만남을 쉽게 헤어지게 할 것이고, 헤어지고 만나고를 반복하는 일은 마음을 더 거칠고 차갑고 황량하게 만들 수 있기 때문입니다. 끝내는 무관심이라고 하는 무서운 심리상태에 이를 수도 있기 때문입니다.

또 다른 만남은 사랑하는 연인, 학문을 함께 추구하는 스승, 삶을 맡기는 절대자, 함께 걷고 싶은 친구, 인생의 나침반이 되기를 원하는 멘토에 이르기까지 대상은  다를 수 있습니다. 그러나 어떠한 대상이든 또 다른 만남은 다른 만남을 준비하는 과정일수도 있기 때문에 어떠한 만남이든 쉬이 여기지 마십시오. 그러나 만남을 즐기는 일은 자기를 잃어버리는 일일 수도 있고 만남의 마니아가 될 수도 있습니다. 새로운 사람을 찾아 또 다른 만남에 보내는 시간은 언젠가 다가올 이별이나 헤어짐을 준비하는 시간이 될 수도 있습니다. 무작정 또 다른 만남에 집착하는 시간들은 죽은 시간일 수도 있습니다.

떠난 이를 미워하는 이도 있습니다. 사랑하는 사람을 떠나보낸 후 또 다른 만남을 통해 만나는 이에게 지나치게 기대하는 경우도 있습니다. 그러나 사람만 다를 뿐 그전 사람보다 월등히 나을 확률은 반반일 뿐입니다. 그러니 지나치게 기대하지 마십시오.

이처럼 어떤 사람을 미워하거나 마음을 빼앗긴 대상을 위해 정신없이 쏟는 시간들은 그것이 사랑이라 할지라도 자기 시간이 아닙니다. 자기에게는 죽은 시간입니다. 어떤 사람을 오랜 시간 미워하지 마십시오. 사랑이란 이름으로 어떤 사람에게 종속되지도 마십시오. 이 모든 시간들이 자기에게는 미워하는 사람에게 쓴 시간이고 사랑한다는 사람에게 쓴 시간이기 때문입니다. 사랑은 또 다른 사랑을 낳고 미움은 또 다른 미움을 낳지만 사랑이든 미움이든 타인을 위해 쓴 시간은 부질없이 낭비한 시간이 될 수도 있습니다.

사랑하되 자기를 사랑하는 마음과 함께 사랑하세요. 미움은 아예 마음에서 지워버리세요. 그리움도 마음에서 지워버리십시오. 사랑의 지우개, 미움의 지우개, 그리움의 지우개를 한껏 사용하십시오. 사랑의 이름으로, 미움이라는 가시로, 그리움이라는 족쇄로 마음에 상처를 만들지 마십시오. 마음의 지우개는 자신의 생각과 마음의 밭을 깨끗하게 해 줄 것입니다.

## 제 3의 탄생

우리 삶의 여행 가운데 '거듭난다'는 말이 있습니다. 다시 태어난다는 말도 합니다. 죽었다 다시 살아났다는 말도 합니다. 죽을 뻔 했다는 말도 합니다. 이러한 표현들은 우리의 삶이 태어난 모습 그대로, 살아온 모습 그대로 살 수 있는 것이 아니라 제 2의 탄생도 제 3의 탄생도 가능하다는 의미입니다. 거듭 태어난다고 하는 것은 생각과 태도, 가치를 모두 바꾼다는 의미입니다. 삶 가운데서 어떤 계기로 다시 태어날 수도 있고, 또 다시 태어날 수도 있습니다. 제 3의 탄생은 거듭나고 또 거듭나고 세 번째 거듭난다는 의미입니다.

태어난 모습대로 살다가 사회에 발을 들여놓고, 직장을 갖게 되고, 결혼을 하게 되고, 부모를 떠나보내게 되고, 높은 단계의 교육을 받게 되고, 절대자에게 자기의 모든 것을 내려놓고 변화하기도 하는 과정들을 통해 다시 탄생할 수 있습니다.

제 3의 탄생은 우리의 삶의 여행 가운데 커다란 충격이나 커다란 깨우침을 통해 가능한 일입니다. 어느 날 멀쩡하던 사랑하는 사람이 세상을 떠난 경우에 우리는 큰 충격을 받습니다. 아픔과 상처, 슬픔의 늪에 빠지게 됩니다. 이러한 삶의 충격이 우리를 다시 태어나게 만드는 경우도 있습니다. 어느 날 자신이 전혀 예견치도 않았는데 치유할 수 없는 불치의 병을 선고받았을 때 많은 아픔과 고뇌 속에 자신을 다시 돌아보게 됩니다. 또 어떤 경우는 죽음과 바꿀 수 있는 사랑하는 사람이 떠난 경우에 이 세상 모든 것을 다 잃은 슬픔에 쌓이게 되고 삶 자체에 대한 생각을 바꾸게 됩니다. 이러한 것들이 모두 제 2, 제 3의 탄생을 가져다주는 계기가 되는 것입니다. 이렇듯 우리의 삶의 여행은 아픔, 분노, 좌절, 고통의 여행일 경우가 많습니다. 이럴 때 우리 인간은 어떤 형태로든 자신의 본래 삶의 모습을 바꾸어 갑니다.

제 3의 탄생이 주는 의미는 소위 달관, 무관심, 초월 등의 단어로 쓰일 만큼 다 내려놓은 모습을 보이는 경우입니다. 제 2의 탄생은 살기 위해, 얻기 위해, 갖기 위해, 쟁취하기 위해 노력하는 자신의 변화라면, 제 3의 탄생은 포기하기 위해, 버리기 위해, 자기를 잊기 위해 노력하는 자신의 변화라고 할 수 있습니다. 그러므로 태어난 후 생애 과정에서 청년기와 초기 성인기, 중기 성인기에는 제 2의 탄생이 주가 되지만 후기 성인기 이후에는 제 3의 탄생이 중요한 것입니다.

많은 경우 우리의 삶의 여행은 제 2의 탄생에서 머물거나 끝나는 경우가 많습니다. 그러나 진정 자신의 온전한 삶의 여행이 되기 위해서는 제 3의 탄생의 경험도 놓쳐서는 안됩니다. 사랑하되 미워하지 않고, 관심을 갖되 지나친 관심을 갖지 않고, 가지되 섬기고 뺏으려 하지 않고, 빼앗는 것을 쟁취하려 발버둥치지 않고 그대로 수용할 때 제 3의 탄생이 가능합니다.

우리의 인생은 지도 한 장 없이 긴 여행을 떠나는 것과 같습니다. 그러므로 달음박질하기를 향방 없는 것 같이 하지 않고, 싸우기를 허공을 치는 것 같이 하지 않으며, 푯대를 향하여 삶의 여행의 목적지를 정할 때 제 3의 탄생은 가능한 것입니다. 제 3의 탄생을 방해하는 우리의 삶의 모습들이 있습니다.

- 결혼안하기
- 아이 안 낳기
- 쉽게 이혼하기
- 억지로 일류 만들기
- 악플 달기
- 왕따 시키기
- 편 가르기
- 뜬구름 잡기

- 깜짝 나라사랑하기
- 자기에 도취되기
- 눈에 뵈는 게 없이 행동하기
- 황금에 눈멀기
- 신앙의 귀족 되기
- 육체적 사랑에 빠지기
- 위아래 모르고 무시하기
- 쾌락에 탐닉하기
- 지위와 명예에 몰입하기
- 지나친 자기포장하기

이렇듯 우리 주변의 삶 속에서 쉽게 찾아볼 수 있는 일상의 모습을 통해서는 제 3의 탄생이 공존하지 않습니다.

미국의 링컨대통령이 노예해방을 반대하는 장관들에게 "노예와 자유인은 공존하지 않는다."라고 말했듯이 삶의 여행 가운데서 스스로를 노예로 만드는 '삶의 노예'가 되지 마십시오. 자신의 삶에서 자유롭지 못하면 제 2의, 제 3의 탄생은 참으로 어려울 수 있습니다.

## 자기 삶과의 만남

우리의 삶의 여행은 어머니의 태내에서 태어나는 제 1의 탄생과, 세상 밖으로 나가 성장하고, 수학하고 결혼하여 새로운 탄생이 이루어지는 제 2의 탄생, 자기 스스로 거듭나는 제 3의 탄생을 거쳐 드디어 온전한 자기 삶과의 만남이 이루어 질 수 있습니다.

자기 삶과의 만남은 이웃이 있으되 있지 않고, 미운사람이 있으되 미운사람이 아니 되고, 사랑하는 사람이 있지만 온 마음을 빼앗기는 사랑이 아닌 발가벗은 자기와 직면하는 삶입니다. 자기가 있되 자기 사랑에 빠지지 않고, 자기가 있되 자기 고집에 빠지지 않고, 자기가 있되 미움에 젖지 않고, 있는 그대로 보고 느끼는 삶을 여행하는 것입니다. 자기 삶과의 만남은 자기를 위한 삶이 아니라 자기를 진정 사랑하기 위한 삶입니다. 자기를 진정 사랑하기 위한 삶은 섬김, 나눔, 용서, 이해, 인정, 감사 등 자기의 나눔이요, 자기의 헌신이요, 자기의 용서요, 자기의 희망입니다. 이러한 삶을 통해 자기 삶과 만날 수 있고 이웃과 사랑하는 사람과 심지어 미워하는 사람과도 아무런 마음의 찌꺼기 없이 사는 삶을 말합니다.

## 용서합시다

온전한 채움은 채움이 아닙니다. 온전한 비움이 온전한 채움입니다. 가득 채워지고, 틈 없이 채워지는 것은 자기와의 만남을 통한 삶의 여지가 없습니다. 그러므로 온전한 채움은 채움이 아닌 것입니다. 온전한 비움이 있을 때, 다른 사람들의 아픔을 안을 수 있고, 다른 사람들의 아름다움을 담을 수도 있습니다. 그러므로 온전한 비움이 온전한 채움이 되는 것입니다.

용서는 바로 온전한 비움입니다. 미워하는 사람, 상처를 준 사람, 가시처럼 아픔을 준 사람들로 가슴을 채우는 사람은 결코 용서할 수 있는 용기가 없습니다. 미워하는 사람, 상처를 준 사람, 가시처럼 아픔을 준 사람들로 마음이 가득 채워져 있기 때문입니다. 그들로 하여 자기와의 만남도, 자기 삶과의 만남도 가능하지 않습니다. 미워하는 사람에 대한 생각으로 긴 세월을 보내고 아픔을 준 사람들에게 아픔으로 되갚기 위해 시간과 에너지를 낭비하는 경우가 많습니다. 이것은 진정한 자기와의 만남을 이루는 삶이 될 수가 없습니다. 가슴속에 미움을 지우지 못해 가득 채우는 사람들의 경우는 건강을 해치거나, 마음 아픔에 괴로워하거나, 영원히 지울 수 없는 마음의 상처로 삶을 낭비하는 경우가 있습니다. 어떤 사람은 일생 동안 이러한 미움으로, 아픔의 기억으로 낭비하는 경우도 있습니다. 미움을 안고 사는 사람의 마음은 미움으로 가득 채워진 삶일 뿐이고 미워하는 사람에게 빼앗긴 삶일 뿐입니다. 미워하는 시간만큼 자기 삶은 줄어드는 것입니다. 용서는 자기를 비우는 것이요, 마음을 비우는 것이요, 또 다른 희망을 위해 자기와 만나는 공간이기도 합니다. 용서하십시오. 용서를 통해 자유를 누리십시오. 그럴 때 진정한 자기 삶과의 만남이 이루어 질 수 있습니다.

### 이해합시다

우리의 여행 가운데 오해를 하여 슬픔을 겪기도 하고, 심지어는 생명을 잃게 하는 경우도 있습니다. 이해는 사랑의 첫 걸음이요, 이해는 우정의 첫 걸음이요, 이해는 평화의 첫 걸음입니다. 이해하지 못하는 사람은 세상을 볼 눈이 없고, 진정한 이웃을 볼 눈과 귀도 없습니다. 이해하지 않으면, 말을 해도 이해할 수 없고, 이해할 수 없으므로 타인을 진정으로 만날 수가 없습니다. 자기 성 안에 갇혀 자기 가치와 기준과 고집에 빠져 있는 경우도 많습니다. 이해 없는 세상은 갈등의 세상이 될 수밖에 없고, 이해 없는 삶의 여행은 곡해와 갈등과 소원함으로 가득 찰 수밖에 없습니다.

진정한 이해는 공감과 동정심입니다. 불쌍히 여기는 마음과 상대편의 입장에서 이해하려는 노력인 것입니다. 진정한 이해는 상대가 어떤 모습, 태도, 가치이던 성급하게 판단하고 비판하지 않으며, 그 사람이 왜 그런 생각과 태도를 갖는 것인지를 공감하는 자세가 필요합니다.

이해는 곧 사랑입니다. 이해는 곧 용서입니다. 이해는 곧 불쌍히 여김입니다. 이러한 사랑과 용서, 긍휼한 마음을 통해서 어떤 사람이던 이해할 수 있습니다. 우리 삶의 여행 가운데서 가장 값지고 무서운 무기는 사랑이기 때문입니다. 이해는 사랑의 전제 없이는 불가능합니다. 이해와 사랑은 형제와 같은 관계입니다. 이해심이 높은 사람은 적이 없습니다. 미움도 있을 수 없습니다. 더구나 갈등도 있을 수 없습니다. 자기 삶과의 만남은 사물을 있는 그대로 수용하고 이해함으로써 가능합니다. 삶의 여행 가운데서 자기 삶과의 만남이 그토록 어려운 이유도 사랑할 수 없는 사람을 사랑하는 마음을 갖는 일이 쉽지 않기 때문이며, 이해할 수 없는 행동을 하는 사람을 이해하는 일도 쉽지 않기 때문입니다.

이해는 자기를 내려놓는 일이기 때문에 편견이나 자기가치, 자기주장, 자기방어를 다 내려놓아야 됩니다. 그럴 때 이해가 가능합니다. 말로만 이해한다고 하지 마십시오. 이해는 언어의 희롱이 아닙니다. 이해는 사랑을 듬뿍 담은 행동입니다.

오해받는 사람이나 오해하는 사람이나 모두 다 아픔의 시간을 갖는 것이 이해를 하지 못할 때 나타나는 현상입니다. 오해받는 사람이나 오해를 하는 사람이나 모두 괴로운 삶의 여행을 하게 됩니다. 이토록 아픈 여행의 기간은 죽은 시간이기 때문에 삶의 여행이라고 볼 수 없습니다. 잃은 자에게 용서가 얼마나 어려운지는 잃지 않고서는 모릅니다. 이처럼 오해받는 사람은 오해를 받아보지 않고서는 이해를 하는 것이 얼마나 어려운지를 잘 알 수 있습니다. 자기 안에 자기가 없을 때 오해를 풀 수 있습니다. 자기가 너무 강할 때 오해는 결코 풀 수 없습니다. 모든 것을 있는 그대로 수용하고 받아드리십시오. 그럴 때 이해할 수 있습니다.

### 섬기도록 합시다

성경의 말씀처럼 우리는 섬김을 받기 위해 온 것이 아니라 섬김을 함으로써 서로 섬김을 받는 삶을 살기 위해 온 것입니다. 남을 섬길 때 자기가 섬김을 받을 수 있습니다. 심지어 동물에게도 섬김을 할 때 충성스런 섬김을 받을 수 있습니다. 흔히 맹수라 불리는 사자나 호랑이마저도 자기를 사랑하고 섬기는 사람에게는 온 정성을 다해 섬기기 때문입니다.

섬김은 자기 삶과의 만남을 실천하는 최상의 길입니다. 섬김없이 섬김을 받고자 발버둥 쳐도 섬김을 받을 수는 없습니다. 섬김은 섬김을 낳고 또 다른 섬김은 또 다른 섬김을 낳기 때문입니다. 섬김과 섬김이 만날 때 자기 삶과의 만남과 타인의 삶과의 만남이 이루어져 우리의 아름다운 삶이 될 수 있기 때문입니다.

섬기러 온 사람은 결코 자기가 주인인 척 행세해서도 안됩니다. 섬기는 자에게는 섬기는 대상이 있고, 섬기는 것은 심부름하는 자세이며 섬김에는 주장과 주의와 고집이 있을 수 없기 때문입니다. 자기 삶과의 만남은 섬길 때 낮아짐으로써 진정한 자기와 만날 수 있습니다. 교만하지 않고, 거만하지 않고, 고집스럽지 않고, 자신을 먼저 생각하지 않고, 모든 대상에 대해 섬김을 실천하기 때문입니다. 불가에서도 비우라고 했습니다. 자기가 없다고 했습니다. 아주 작은 생명체조차도 귀히 여기라고 했습니다. 이 불교의 가르침 속에는 자연, 무생물까지도 섬기는 정신을 담고 있습니다. 이렇듯 섬김은 버림이오, 열림이오, 받음이오, 자기실현의 길이기도 합니다. 삶의 여행 가운데 자기 삶과의 만남은 이러한 섬김과 이해와 용서를 통해 더 깊고 의미있게 만날 수가 있습니다. 어떠한 만남이든 소홀히 하지 마십시오. 섬기려 하십시오. 그럴 때 섬김을 받을 수 있습니다.

## 절반의 과거, 절반의 미래

삶의 여행 가운데 있는 오늘의 삶은 절반의 과거, 절반의 미래입니다. 현재는 과거가 모여 이룬 것이지만, 앞으로의 꿈과 비전과 희망을 담은 마음과 행동은 미래입니다. 그러므로 현재를 중요시하라는 권고가 의미가 있는 것입니다. 과거는 되돌릴 수 없는 지나간 실상이고, 미래는 아직 오지 않는 허상이기 때문에 절반의 과거와 절반의 미래를 담고 있는 현재는 과거를 어떻게 현재의 삶속에 녹여내느냐에 따라, 미래의 꿈과 비전을 어떻게 준비하느냐에 따라 삶의 질과 현재의 삶의 가치가 결정되기 때문입니다. 과거는 이미 떠나 버린 실체입니다. 추억과 기억 속에만 남아 있습니다. 아름다운 기억이 있을 수도 있고 아픈 기억이 있을 수도 있습니다. 아픈 것이든 아름다운 것이든 상관없이 마음에 편린으로 남아 있을 뿐입니다.

오늘의 삶 속에 과거의 아픈 가시가 오늘의 아픔이 될 수도 있습니다. 과거의 미움이 되살아나 오늘의 미움이 될 수도 있습니다. 과거의 환희와 추억에 젖어 과거의 환희를 못내 아쉬워하며 사는 그리움의 삶이 될 수도 있습니다. 그러나 오늘은 오늘일 뿐입니다. 절반의 과거를 담고 사는 삶의 긴 여행의 한 부분일 뿐입니다.

과거는 아름다워 보일 때가 많습니다. 과거는 붙잡을 수 없지만 붙잡으려 하는 경우도 많습니다. 그러나 과거는 과거일 뿐 과거의 아름다움은 오늘의 아름다움을 더 값지게 하는 것일 뿐 손에 잡을 수 있는 것이 아닙니다. 과거에 사로잡혀 오늘을 과거의 그리움 속에 사는 사람이 많습니다. 이러한 오늘의 삶은 사는 것이 아닙니다. 과거의 답습이나 과거의 노예가 될 뿐입니다. 과거를 지우려 하지 마십시오. 과거를 자주 회상하고 떠올리려고 하지도 마십시오. 그러나 과거는 경험을 통해 우리를 지혜롭게 하기 때문에 실수나 아픔과 같은 큰 과거의 일들을 통해 지혜를 얻도록 하십시오. 그러나 지나치게 과거에 매달리지 마십시오. 지나치게 과거에 매달리는 사람은 내일을 살 수 있는 사람이 될 수 없고 오늘을 충실히 사는 사람이 될 수도 없기 때문입니다.

우리가 죽은 후에 우리의 과거를 다 볼 수 있는 시간이 있을 수도 있습니다. 그 때 내가 했던 일, 내가 경험했던 것, 내가 봤던 것들 모두를 한 눈에 영화처럼 볼 수 있을 지도 모릅니다. 오늘날은 절반의 과거와 절반의 미래이기 때문에 오늘이 모여 미래를 만들고 미래는 또 앞으로 만들 미래를 만들기 때문에 과거의 밑거름이 현재의 비옥한 삶이 되도록 해야 합니다. 미래만을 바라보는 이상론자가 되지 마십시오. 미래는 알 수 없는 것입니다. 미래는 우리의 삶의 여행을 인도하는 등대와 같은 역할을 하기도 하지만 무지개가 곧 사라지듯 아름다운 환상을 주다가도 곧 신기루처럼 사라지기 일쑤이기 때문입니다.

우리의 삶의 여행은 무지개 빛 꿈속에 미래를 좇다가 또 다른 현재를 만나는 반복일 뿐입니다. 절반의 과거가 그러하였듯이 절반의 미래 또한 대단한 꿈이 실현된다고 믿지 마십시오. 절반의 과거가 밑거름이 되어 비옥한 현재의 꽃밭을 가꾸게 만들고 이 꽃이 열매를 맺어 미래에 아름다운 꿈의 열매가 되도록 하십시오.

산다는 것은

산다는 것은 알 수 없는 길을 떠나는 여행이다
수만리 어디론가 날아가는 기러기처럼
수만리 헤엄치는 연어의 귀향처럼
고향으로 떠나는 긴 여행이다

산다는 것은 사계절 멈출 수 없이
비가 온다
멈출 수 없는 여행이다
꽃이 피면 잠시 쉴 순 있어도
낙엽지면 잠시 눈길 줄 수 있어도
눈내리면 잠시 발자국 남길 수 있어도
머물 수 없는 여행이다
끝이 보이지 않아도  끝이 있는 여행이다
그래도 산다는 것은 감사할 수 있어
아름다운여행이다
아픔의 자갈길이라도 있지 않는 정답을
찾아 떠나는 여행이다

산다는 것은 끝이 보이지는 않지만 끝이 있는 1초도 쉴 수 없는 여행입니다. 우리의 삶의 여행은 이처럼 과거의 여행에서 현재로, 현재의 여행에서 미래로, 미래의 여행에서 먼 미래로의 긴 여행인 것입니다. 우리는 삶의 순례자들일 뿐입니다. 보내졌으므로 왔고, 오라하면 가야되는 끝을 알 수 없는 순례자일 뿐입니다. 우리의 삶의 여행은 아름다움으로 가득 채워질 수도 있고 아름답지 않은 것으로 가득 채워 질 수도 있습니다. 이 선택은 바로 우리의 몫입니다.

## 이별 연습

우리의 삶의 여행은 이별 연습이라고 해도 과언이 아닙니다. 먼 나라를 떠나 어머니 태내에서 자라다가 어머니 육신과 헤어져 세상에 태어납니다. 첫 이별을 한 셈이지요. 그 후 일정기간 자란 후 부모를 떠나 자신의 삶을 꾸려가기 위해 가정을 떠나고 육신의 이별을 하게 됩니다. 삶의 여행 가운데 친구, 형제자매, 사랑하는 사람들, 부모님에 이르기까지 끝없는 이별을 경험하게 됩니다.

자기가 세상을 떠나기 전까지 만나고 헤어지고 보내고 또 만나는 여행인 것입니다. 우리의 삶의 여행은 끝없는 이별 연습인 것입니다. 진정한 이별은 스스로가 삶을 마감하는 순간 모든 인연과, 모든 소유와, 모든 사람들과 헤어지는 일입니다.

이별을 서러워하지 마십시오. 이별을 아름답다고도 하지 마십시오. 이별은 마음을 남기고 가는 일입니다. 잊을 수 없는 경우도 많고 슬픈 경우도 많습니다. 이별은 우리를 강하게 하는 슬픈 묘약과도 같은 것입니다.

아픔을 남기기도하고, 그리움을 남기기도하고, 미움과 고통을 남기기도 합니다. 이별을 두려워하거나 아파하지 마십시오. 이별을 파도와 같은 것으로 생각하십시오. 갑작스런 이별은 충격적이고 고통스런 경우가 많지만 이별 뒤에는 또 다른 이별과 또 다른 만남이 있을 것입니다.

"Whether you think you can or you can't, you are right." 헨리포드가 한말입니다. 이별을 맞이하는 자세도 자신의 마음가짐에 달려있습니다. 쉽지는 않지만 할 수 있다, 할 수 없다고 하는 것은 모두 다 옳은 것입니다. 그러나 할 수 있다고 하십시오. 이렇듯 헤어짐도 만남도 다 삶의 일부분들입니다. 이별 여행을 떠나는 우리의 삶도 만나는 여행이라 생각하는 것과 똑같은 것입니다.

이별 여행의 끝은 삶의 끝자락에서 이 세상에서의 여행의 끝과 함께 끝나게 되는 것입니다. 수많은 사람들과 수많은 사연을 가지고 만나고 헤어지곤 합니다. 헤어짐 뒤에는 반드시 그리움이나 아쉬움이 남기도하고, 미움이나 아픔의 찌꺼기들이 우리의 마음속에 남기 마련입니다. 그러나 이별은 또 다른 만남으로 승화시킬 때 아름다움으로 남겨집니다.

영원히 이별 없이 살 수만 있다면 우리의 삶의 여행은 더욱 단조로운 여행이 될 수 있을 것입니다. 이별의 아픔이 주는 조각들은 우리가 항해할 때 빙산처럼 위험을 가져다줄 수도 있습니다. 이별의 아픔은 가슴속에서 녹게 해야 합니다. 이별은 찬 겨울처럼 차가운 겨울 가슴을 만들기도 하고 반대로 봄눈 녹듯 마음에 응어리를 실타래처럼 풀어 낼 수도 있습니다. 이별을 이별로 받아들이지 않고 이별을 삶의 한 조각으로 생각하게 될 때 이러한 마음이 될 수 있습니다.

사랑한다는 이유로 헤어지는 경우도 있습니다. 미워한다는 이유로 헤어지는 경우도 있습니다. 어떨 때는 죽도록 헤어지기 싫어도 헤어질 수밖에 없는 이별의 경우도 있습니다. 어떤 이별이든 공간, 육신이나 시간의 개념 속에서는 이별이 있을 수 있습니다. 그러나 마음에 이별을 담고 산다고 하면 그 이별은 이별이 아닌 것입니다. 이별은 마음속에서 지워질 때 공간, 육신이나 시간의 개념을 초월해서 삶의 한 부분이 될 수 있는 것입니다. 이별을 서럽다 하지 마세요. 이별은 또 다른 만남의 시작이고 이별은 영원한 끝이 아니기 때문입니다.

## 배움의 여행

삶의 여행 가운데는 배움의 우물이 있습니다. 배움에 목마를 때 갈증을 해소할 수 있는 우물이 있습니다. 부족하고 궁금하고 알고 싶을 때, 무엇보다 자신을 개발하고 싶을 때 배움을 택하게 됩니다. 우리의 삶은 배움의 연속이고 어느 한 순간도 배움이 이루어지지 않는 순간은 없습니다. 자연 속에 있을 때는 자연에서 배우고, 사람과 만날 때에는 사람 속에서 배웁니다. 혼자있는 경우에도 자신의 생각과 꿈을 통해 배우며 삶의 여행을 하게 됩니다.

하버드대학교 도서관에는 배움과 관련된 30가지 교훈이 걸려 있습니다. 이들 교훈은 끊임없이 수학하고 꿈을 가지고 배우라는 내용들입니다.

- 지금 잠을 자면 꿈을 꾸지만 지금 공부하면 꿈을 이룬다.
- 내가 헛되이 보낸 오늘은 어제 죽은 이가 갈망하던 내일이다.
- 늦었다고 생각했을 때가 가장 빠른 때이다.
- 오늘 할 일을 내일로 미루지마라.
- 공부할 때의 고통은 잠깐이지만 못 배운 고통은 평생이다.
- 공부는 시간이 부족한 것이 아니라 노력이 부족한 것이다.
- 행복은 성적순이 아닐지 몰라도 성공은 성적순이다.
- 공부가 인생의 전부는 아니다. 그러나 인생의 전부도 아닌 공부 하나도 정복하지 못한다면 과연 무슨 일을 할 수 있겠는가.
- 피할 수 없는 고통은 즐겨라.
- 남보다 더 일찍 더 부지런히 노력해야 성공을 맛 볼 수 있다.
- 성공은 아무나 하는 것이 아니다. 철저한 자기관리와 노력에서 비롯된다.
- 시간은 간다.
- 지금 흘린 침은 내일 흘릴 눈물이 된다.
- 개같이 공부해서 정승 같이 즐기자.
- 오늘 걷지 않으면 내일 뛰어야한다.
- 미래에 투자하는 사람은 현실에 충실한 사람이다.
- 학벌이 돈이다.
- 오늘 보낸 하루는 내일 다시 돌아오지 않는다.
- 지금 이 순간에도 경쟁자들의 책장은 넘어가고 있다.

- 고통이 없으면 얻는 것도 없다.
- 눈이 감기는가? 그럼, 미래를 향한 눈도 감긴다.
- 꿈이 바로 앞에 있는데 당신은 왜 팔을 뻗지 않는가.
- 졸지 말고 자라.
- 성적은 투자한 시간의 절대량에 비례한다.
- 가장 위대한 일은 남들이 자고 있을 때 이루어진다.
- 지금 헛되이 보내는 이 시간이 시험을 코앞에 둔 시점에서 얼마나 절실하게 느껴지겠는가?
- 불가능이란 노력하지 않는 자의 변명이다.
- 노력의 대가는 이유없이 사라지지 않는다.
- 오늘하지 않으면 내일은 없다.
- 한 시간 더 공부하면 아내의 얼굴이 바뀐다.

소위 하바드대학교의 30가지 교훈으로 지칭되는 경구들은 비단 대학생들 뿐만 아니라 모든 이들에게 교훈이 되는 말입니다. 삶의 여행 가운데서 배우는 사람의 자세 뿐만 아니라 삶 전체와 관련된 교훈이라 할 수 있습니다.

아시아 태평양지역 고등교육협력기구의 (UMAP) 의장을 맡고 있던 1990년대 후반 몇 년 동안 일본대표이던 쯔꾸바 대학 총장이던 에사끼 레오나 노벨 물리학 수상자에게 물은 적이 있습니다. "당신이 공부하던 시절은 2차 세계대전 중이었는데 어떻게 공부를 해서 노벨상까지 받을 수있었느냐?" 그의 대답은 간단했지만 많은 생각을 하게했습니다. "포탄이 쏟아져도, 공습이 있어도 상관하지 않고 오직 학업에만 열중했다. 포탄이 떨어지는지도 알지 못했다." 에사끼 총장의 말처럼 삶의 여행 가운데 자신을 잊고 몰입하는 교육이야말로 우리의 삶을 값지게 만들 수 있는 것입니다. 특히 21세기를 사는 우리는 일생동안 끊임없는 자기계발과 학습을 해야만 합니다. 꿈은 학습 없이는 이루어질 수 없기 때문입니다.

또 한 사람의 예를 들어보겠습니다. 사우스캐롤라이나대학 교수 시절, 국제교류센터인 번스국제센터의 아시아 위원을 지낸 적이 있습니다. 그 곳의 소장을 맡고 있던 케글리 박사는 세계적인 국제정치학자였습니다. 어느 날 만나 차를 나누던 중에 "오늘 세 번째 부인과 이혼했다."고 말해 깜짝 놀란 적이 있습니다. 이유를 물어보니 연구와 저술에 매달려 아내와 시간을 거의 보내지 못했기 때문이라고 했습니다. 이렇듯 학문을 사랑하는 사람은 학습을 통해 끊임없이 자기계발을 하길 좋아합니다. 학자로서 세계적인 인정을 받는 대신, 개인 결혼 생활은 충실할 수 없었던 것입니다. 그러나 우리 삶은 학자로서의 배움 뿐 아니라 삶의 고비마다, 삶의 순간마다 배움의 여행을 한다는 것을 잊어서는 안됩니다. 배움이 모아져 지식을 쌓게 하고, 지식이 사고와 어울려 생명을 얻을 때 지혜를 만들기 때문입니다.

## 꿈꾸는 삶의 여행

우리의 삶은 잘 때 뿐만 아니라 깨어 있을 때도 꿈을 간직하며 삽니다. 꿈이 없는 삶은 이미 생기를 잃은 죽은 삶과 같습니다. 젊은 날은 꿈을 꾸고, 중년에는 꿈을 딛고서고, 중년후기에는 꿈을 먹고삽니다. 그러나 꿈은 자신의 삶을 파괴하기도하고, 아름다운 환상 속으로 인도하기도하며, 용기와 성공을 가져다주기도 합니다.

꿈을 가지십시오. 그리고 꿈을 실현하기위해 자신과 싸우십시오. 꿈을 심는 삶은 결코 아무런 열매를 가져다주지는 않습니다. 꿈은 심는 노력과 땀만큼 값진 열매를 줍니다.

1963년 8월 28일 노예해방 100주년을 맞아 워싱턴 DC에서 열린 평화행진에서 마틴 루터 킹 목사가 행한 "나에게는 꿈이 있습니다.(I have a dream.)" 이라는 연설은 꿈을 꾸는 우리 삶의 여행의 위대한 예가 될 수 있습니다. 마틴 루터 킹 목사의 꿈은 50여 년 뒤 흑인 대통령인 오바마를 탄생시켰고, 아직도 진행되고 있지만 인간의 존엄과 평등을 신장시키는 큰 힘이 되고 있습니다.

"나에게는 꿈이 있습니다. 언젠가 이 나라가 모든 인간은 평등하게 태어났다는 것을 자명한 진실로 받아들이고 그 진정한 의미를 신조로 살아가게 되는 날이 오리라는 꿈입니다. 나에게는 꿈이 있습니다."

이렇듯 개인이나 민족, 국가나 인류도 꿈을 가지면 언젠가는 이루게 됩니다. 성경속의 선지자들이 그러하였고, 인류를 구원하신 예수님의 꿈 또한 "사마리아에서 땅 끝까지 복음이 전파되는" 위대한 역사를 이루고 계시듯 꿈은 이루어집니다. 무저항주의로 인도의 독립을 꿈꾸던 간디의 꿈도, 아름다운 삶을 꿈꾸던 헬렌 켈러의 꿈도, 글을 터득하게 하려던 세종대왕의 꿈도, 그리고 자식 잘되기를 간절히 기도하는 이 땅의 어머니들의 꿈도 이루어지기 마련입니다.

꿈은 사라지는 것이 아니라 다른 꿈을 잉태하고 꿈나무를 키우기 때문입니다. 꿈은 젊을 때만 간직하는 것이 아닙니다. 오히려 나이가 들어 갈수록 꿈을 잃어 버려서는 안됩니다. 나이가 들든, 젊든 꿈을 잃은 삶은 죽은 삶이기 때문입니다.

어릴 때 꿈을 간직하면 아이들의 생각주머니를 키워주기도 합니다. 어른들에게는 생각주머니의 깊이를 더하게 하며 꿈을 이룬 어른들에게는 꿈의 열매를 나누어 주게 하기 때문입니다.

꿈은 이상을 실현하는 동력이 됩니다. 아이들에게 꿈을 심어 주십시오. 그러나 꿈만 꾸게 해서는 안됩니다. 꿈이 열매를 맺도록 아픔을 감내하고 겸손하며 강인하게 함으로써 꿈이 현실이 되고 현실이 이상을 실현하는 징검다리가 되게 해야 합니다.

# 제 1의 사춘기

우리는 삶의 여행 가운데 매우 심각한 삶의 전환기를 맞게 됩니다. 일종의 삶의 성장통이라고 할 수 있는 사춘기를 맞게 되는 것입니다. 삶의 여행 가운데 우리는 2~3번의 사춘기를 맞게 됩니다. 어떤 이는 이러한 성장통 없이 순탄하게 삶의 여행을 하는 사람이 있는가하면, 어떤 이들은 아픔과 좌절을 겪으며 생애과정에서의 사춘기를 겪는 경우도 있습니다. 첫 번째 사춘기는 청소년기에 겪게 되는 사춘기입니다. 청소년기는 인간의 발달과정 중에서 가장 격정적이고 냉담하며 도전과 자기해체 등의 이중성을 지닌 시기로서 '질풍과 노도'(strum und drang)의 시기로 비유되기도 합니다. 자기가 자기를 이성적으로 통제하기 힘든 시기로 삶의 여행 가운데 대전환기이기도합니다.

블로스(Blos)는 청소년기를 '자기애의 시기(age of narcissim)'

로 표현하면서 그들은 냉소적이고, 자기방어적이고, 독단적이며, 예측할 수 없는 행동을 하기도 한다고 말했습니다. 또한 쉽게 싫증을 내며, 정서적으로 불안정하여 주의집중이 결여되어 있는 특성을 지닌다는 것입니다. 특히 매우 자기중심적이고 이기적인 특성을 지니기 때문에 부모의 말을 귀담아 듣지 않는다는 것입니다. 어떻게 보면 울프(Wolf)가 표현한 대로 '부모여! 안녕(parent-imago)'의 시기인 것입니다.

집에서는 가장 착한 아이로 보이던 자식이 갑자기 놀라운 일을 저지르기도 하고, 겉으로는 순종하고 매우 조용하며 얌전한 듯한 딸아이가 남학생들과 바람직하지 않게 어울리는 등의 모습은 부모에게 충격을 줄 수 있습니다. 이 시기의 청소년들에게는 분명 그 자체가 중요하기도 하고, 부모가 이해하지 못하는 여러 이유가 있는 것입니다.

이 시기의 특성이 특히 자기중심적이기 때문에 건방지고, 오만하며, 자기과시적인 측면이 많고 예절이나 규범보다는 자기의 느낌에 따라 행동하는 경향이 있습니다. 또한 부모와 가족보다는 친구들에게 더 애착심을 갖고 특히 가수나 스포츠맨, 배우 등의 문화적인 우상에 병적으로 집착합니다. 이 시기에 팬클럽에 열중하기도 하고, 자신이 좋아하는 가수나 연예인 혹은 스포츠맨들의 포스터나 사진을 부착하고, 간직하고 다니며 옷매무새, 행동, 언어까지도 모방하려 합니다.

이상은 높고 말로는 논리정연하면서도 실제의 행동은 이와 정반대로 역행하는 경우가 많으며 충동적 행동과 절대적으로 부정하는 단호한 모습을 나타내기도 합니다.

흔히 이러한 청소년기는 자기를 주장하면서도 자기의 존재를 부정하는 듯한 이중성 때문에 기성세대, 특히 부모와의 단절이 그 특성으로 나타납니다.

이러한 청소년기에 부모는 과연 어떻게 대처해야 할까요? 그리고 부모는 과연 이 시기의 자녀들에게 어떤 모습을 보여주어야 할까요? 해답은 매우 간단합니다. 가장 정직하고 진솔한 모습을 보이는 것이 가장 최상의 대책이라고 합니다. 그러나 어떻게 하는 것이 가장 정직한 부모의 모습인지 기준은 쉬운 일이 아닙니다. '진실로 인간적인 모습'으로 돌아가는 것이 진실한 부모의 태도일 것입니다.

인간적인 모습이란 가식이 없는 진실한 자신의 모습을 보이는 것이요, 항상 인간다운 모습으로 인간답게 실천하는 부모의 자세를 보이는 일입니다. 일종의 좋은 모델링을 하는 것입니다.

부모가 열심히 일하는 모습을 보이고 한 마디라도 진실된 언어를 사용할 때, 사랑이 가득한 모습으로 격려할 때 청소년기의 자녀는 일탈하지 않을 것입니다. 말과 행동이 일치하지 않는다거나 부모는 명령하고 자녀는 무조건 복종해야 한다는 관념을 가질 때 청소년 문제는 해결하기 곤란한 문제가 될 것입니다. 청소년기의 위기는 생애과정에서의 전환기(transitional crisis)적 위기에 해당되기 때문에 이 시기를 건전하게 극복하게 되면 보다 알찬 삶을 영위할 수 있을 것입니다.

부모로부터 이완되기 원하는 이 시기에는 부모의 지나친 간섭이나 관심은 오히려 반항심을 부추기기도 하기 때문에 '관심 없는 척하는 관심'과 '마음 깊은 곳에서부터의 부모사랑'이 중요합니다. 또한 비록 자기 자식일지라도 프라이버시를 지닌 인격체로 인식하는 일 또한 중요합니다. 부모의 관점이나 가치관으로서는 용납하기 힘든 일일지라도 일단 인정을 한 다음 대화를 하는 것이 중요합니다.

그 뿐만 아니라 이 시기의 청소년들은 신체적으로 에너지 축적이 많은 상태이므로 건전한 방향으로 해소시키는 일 또한 중요합니다. 그리고 자기 스스로에게 맞는 취미나 특기활동을 권장하는 일도 중요합니다.

특히 이 시기의 청소년들에게는 우상이 있기 마련이며 생애 가운데 가장 원대한 꿈을 갖는 시기입니다. 이들이 갖는 꿈이 무엇이든, 이들이 간직하고 있는 영웅이 누구이든 일단은 인정하는 아량이 필요합니다. 그러나 중요한 일은 이들의 꿈과 영웅이 죽어가지 않도록 하는 일입니다. 꿈과 영웅이 죽어갔을 때는 상실된 세대요, 저항의 세대가 되기 때문입니다.

하버드대학교의 라이히 교수는 청년문화를 논하면서 미국을 청색사회(greening society)라 지칭했습니다. 이 녹색사회 혹은 청색사회란 청년문화의 사회를 뜻하는데 청소년의 꿈과 이상은 '신자연주의(New Naturalism)'에 바탕을 두고 있다고 설명합니다. 신자연주의 성향은 인위적인 것과 기존의 권위, 허례허식 등을 배격하며 곧 자연스러운 모습을 중요시 합니다.

한동안 청년들에게 보편화되었던 청바지 문화나 히피풍의 장발 등도 여기에서 유래된 것입니다. 특히 청소년기의 꿈과 영웅은 모두 이러한 저항의식과 자기확대를 위한 몸부림에서 비롯된 것이므로 비록 기존의 문화나 가치관과 위배되는 반문화(counter culture)일지라도 꿈과 영웅이 없는 세대가 되지 않도록 하는 일 또한 중요한 일입니다.

이토록 삶의 여정에서 만나게 되는 제 1의 사춘기는 사춘기를 맞는 청소년들의 문제이기도 하지만 청소년과 함께 삶의 여행을 하는 부모와 형제, 주변사람들과도 관련이 됩니다.

제 1의 사춘기를 잘 지나오기 위해서는 청소년 본인은 물론 주변사람들의 따뜻한 배려와 사랑이 꼭 필요합니다. 제 1의 사춘기를 맞는 자녀들에게 적합한 맥아더 장군의 기도문 중 '맥아더 장군의 아들을 위한 기도'를 염두에 둘 필요가 있습니다.

## 맥아더 장군의 아들을 위한 기도

오, 주님!
내 아이가 이런 사람이 되게 하소서.
약할 때에 자신을 분별할 수 있는 힘과
두려울 때 자신을 잃지 않는 용기를 주소서.
정직한 패배 앞에 당당하고 태연하며,
승리에 때에 겸손하고 온유한 사람이 되게 하소서.
내 아이가 이런 사람이 되게 하소서.
자신의 본분을 자각하여 하나님과 자신을 아는 것이
지식의 기초임을 깨닫는 사람이 되게 하소서.
그를 요행과 안락의 길로 이끌지 마시고,
자극받아 분발하도록 고난과 도전의 길로 인도하소서.
모진 비바람을 견뎌내게 하시고,
실패한 자를 긍휼히 여길 줄 아는 사람이 되게 하소서.
내 아이가 이런 사람이 되게 하소서.
마음이 깨끗하고 높은 이상(理想)을 품은 사람,
남들을 다스르기 전에 먼저 자신을 다스리는 사람,
웃을 줄 알면서도 우는 법을 결코 잊지 않는 사람,
미래를 향해 전진하면서도
과거를 결코 잊지 않는 사람이 되게 하소서.

이 모든 것들 외에 그에게 유머감각을 주소서.
그리하면 항상 진지하면서도
결코 지나치게 심각해지지는 않을 것입니다.
그에게 겸손을 가르쳐주소서.
그리하면 진정한 위대함은 소박하며,
진정한 지혜는 열려 있으며,
진정한 힘은 너그럽다는 것을
언제나 기억할 것입니다.
그 애가 이런 사람이 되었을 때
저는 감히 그에게 속삭일 것입니다.
내가 일생을 결코 헛되이 살지 않았노라고.

# 제 2의 사춘기

삶의 여행 가운데 제 1의 사춘기를 거친 후 제 2의 사춘기를 맞게 됩니다. 흔히 가정에서의 '빈 둥우리 증후군'이라고 할 수 있는 이 시기는 중년기에 맞는 삶의 전환기입니다. 우리 주변에서 흔히 사춘기 가정(puberty family)을 간혹 볼 수 있습니다. 사춘기 가정이란 부모가 40대이고, 자녀가 10대 중반인 가정을 일컫는 말로 사춘기 가정은 아버지 따로, 엄마 따로, 자녀들 따로 행동하는 가정을 말합니다.

이러한 가정의 특성은 자녀들이 사춘기에 접해 있고, 부모 특히 어머니도 '제 2의 사춘기'에 처해 있다는 점입니다. 이때 자녀들은 부모에게 이유 없는 반항을 하기도 하고 자기만의 성(城)을 쌓고 부모와 대화를 하지 않으려 합니다. 그러므로 자녀들은 가정보다는 학교나 친구들과 시간을 보내려 하고 가정에 돌아와도 부모와 대화가 거의 없는 경우가 많습니다. 아버지의 경우도 40대의 한창 일할 나이가 말해주듯이 사회적 역할수행에 온 정열을 쏟는 시기로서 가정에서 보내는 시간이 거의 없습니다.

이 때 집을 지키는 엄마의 경우 외로움과 삶에 대한 회의를 느끼게 되고 가정은 따뜻한 느낌보다는 텅 빈 둥우리(empty nest)같은 느낌을 받게 됩니다. 이러한 느낌을 '빈 둥우리 증후군'이라고 하는데 대개의 경우는 '나는 무엇을 하며 살아왔는가?' 또는 '삶이 허무하다.'는 등의 삶에 대한 회의와 함께 심리적 불안을 경험하게 되고 자녀들 또한 제 1의 사춘기 시기로 심리적 불안을 느끼게 됩니다. 아버지 또한 직장에서나 가정에서 받는 사회적 압박과 심리적 소외 때문에 안정을 저해 받는 시기이기도 합니다. 따라서 이러한 시기의 가정을 사춘기 가정이라고 합니다.

비(Bee)라는 생애 발달 심리학자는 인간은 삶 속에서 자신을 재발견하는 경우가 있다고 지적한 바 있는데, 사춘기 가정의 가족원들은 제각기 자신들의 인생을 재확인하려는 갈등의 시기에 처해 있어 진정한 가족원으로서 서로 나눌 수 없는 시기라고 말하기도 합니다.

어머니의 경우는 십 수 년 동안 가족들을 위해 밥을 해주고 빨래하며 보낸 세월이 의미가 없는 것 같고, 때로는 억울하다는 생각마저 들어 매사에 의욕이 없고 때로는 가정 밖에서 새로운 삶의 의미를 찾아보려 하기도 합니다. 자녀의 경우에도 가정에서 심리적 안위를 찾지 못하여 친구들이나 소위 대중스타 또는 세속화된 문화에 탐닉하는 성향이 있습니다. 아버지도 아버지대로 가정에서 따뜻함을 느끼지 못하고 커다란 심리적 압박을 느낍니다. 가정 밖에서는 후배로부터의 끊임없는 도전을 받고 있으며, 직장 내에서는 중견인물로서 책임감과 주어진 업무가 벅차기만 한 시기입니다. 아버지들의 경우도 가장 높은 40대의 사망률이 말해주듯이, 직장에서는 기계처럼 일해야 하고, 가정에서도 소외감을 느끼는 압박의 시기인 것입니다.

이러한 시기의 가정은 인위적일지라도 서로 시간을 함께 나누려는 노력이 필요하고 서로 대화하려는 자세가 필요합니다. 터놓고 진실한 대화가 이어지면 생애 발달 과정에서 가족원들이 서로 달리 경험하고 있는 심리적 갈등들을 상호치유해 줄 수 있기 때문입니다.

가정은 나눔의 공동체입니다. 가족 구성원들이 서로 별개가 되어 있을 때 그 가정은 가정의 기능을 상실한 것입니다. 가정은 애정을 교환하는 곳입니다. 또한 가정은 보호해 주는 곳입니다. 가정은 서로 삶을 함께 하는 곳입니다. 빈 둥우리가 아니라 서로 가득 채울 수 있는 공동체인 것입니다. 그러므로 용서하며 기다리는 곳이어야 합니다. 이보다 중요한 사실은 가족이 서로 요구하는 관계가 아니라 '있는 모습 그대로'를 받아들이는 관계라는 것입니다. 왜냐하면 가정은 '함께'하는 사랑의 장인 '같이 살고, 같이 가며, 같이 고생하고, 같이 즐기며, 같이 피를 나누고, 같이 사랑하는 관계(同居 同行 同苦 同樂 同血 同愛)'이기 때문입니다. 또한 가정은 빈 둥우리가 아니라 채우고 채워야 할 공동체입니다. 가정은 최초의 학교요, 인생의 마지막 침실입니다.

# 3부 • 숨바꼭질 놀이

우리의 삶은 언제나 어제와 내일과 오늘이 함께 합니다.
오늘은 절반의 과거요, 절반의 미래이기도 합니다.
어제와 오늘의 만남 여행은 목적 있는 삶으로 이끕니다.
어제의 실패는 오늘의 절반의 실패가 됩니다.
오늘의 실패는 내일의 절반의 실패가 됩니다.

# 사랑 놀이

우리는 사랑의 눈과 함께 미움의 눈도 함께 가졌습니다. 미움의 눈으로 보느냐, 사랑의 눈으로 보느냐는 우리가 선택하는 데에 따라 달라질 수 있습니다. 사랑의 눈으로 보면 사랑이 보이고 미움의 눈으로 보면 미움만 보이게 됩니다.

특히 인간은 눈을 통해 보고 느낍니다. 그러나 눈을 가지고 보지 못하는 경우도 많습니다. 사람이 사랑의 눈을 가지고 모든 것을 보면 참으로 아름다운 것도 그렇지 못한 경우 슬프고 비참하게 보일 수 있습니다. 또 사랑의 눈을 가졌다면 어두운 것도 밝은 모습이 되어 비춰지기 마련입니다.

인간이 눈을 뜬다는 것은 모든 사물을 있는 그대로 볼 수 있다는 뜻입니다. 어떤 사람은 끝내 눈을 뜨지 못하고 죽어가는 경우도 있으나 눈을 반쯤 뜨고 살아가는 사람들도 있습니다. 심지어 눈을 떠보지 못하고 살다 죽어간 사람들은 살았으되 아무것도 보지 못한 채 어둠 속에 살다간 사람들입니다. 또 반쯤 눈을 뜨고 산 사람들은 볼 것을 다 보지 못한 채 흐릿한 모습의 삶을 살다간 이들입니다.

우리의 눈이 제대로 볼 수 있을 때 눈을 뜬 상태인 것입니다. 보아야 할 것은 보지 못하고, 보아서는 안될 것만 보는 눈이라면 분명 반쯤 뜬 눈일 수밖에 없습니다. 그리고 매사를 부정적으로만 보는 눈이라며 '부정의 눈'이요, 지나치게 긍정적인 눈으로만 보는 눈은 '긍정의 눈'일 수밖에 없습니다.

어린아이의 눈은 천진한 눈이기에 우리는 어린아이의 눈을 사랑하는 것입니다. 누구에게나 필요한 눈은 '사랑의 눈'이라 할 수 있습니다. 사랑의 눈은 사랑하는 마음으로 사물을 볼 수 있을 때 가능합니다.

사랑하는 마음은 비단 이성 간의 모습뿐만 아니라 어떠한 대상일지라도 아름다움으로 보는 마음일 때 가능합니다. 이유가 필요 없고, 조건이 필요 없으며, 보상이 필요치 않은 마음으로 보는 눈일 때 사랑의 눈이 될 수 있습니다. 사랑하는 마음에 조건이 있을 수 없기 때문입니다. "Tell me why the stars' shine. Tell me why the oceans' blue. Tell me why the ivies' twine and I will tell you just I love you."

소년이 사랑의 눈을 가지고 살려는 그날부터 아름다운 삶을 살 수 있습니다. 그러나 세상의 눈들로부터 자기 스스로 해방될 때에 사랑의 눈을 가질 수 있습니다.

삶을 살면서 불행한 세 형태의 사람들을 만나볼 수 있습니다. 첫 번째 형태의 불행한 사람은 자기가 남으로부터 사랑을 받고 있지 못하다는 것을 알고 있는 사람입니다. 이 사람은 자기를 외로운 존재로 생각하거나 스스로를 비하하는 경우도 있습니다. 그러나 이보다 더 불행한 사람은 사랑을 받고 있으면서도 사랑을 받고 있다는 사실을 모르는 사람입니다.

두 번째는 한없는 사랑을 받고 있으면서도 사랑을 받고 있다는 사실을 부정할 뿐만 아니라 지속적으로 사랑을 찾는 목마름이 끝없는 사람입니다. 사랑의 비교 우위적 관점에 서서 사랑의 강도가 어떻고, 사랑의 진실이 어떻고, 사랑하는 행위가 어떻다 등의 거부형 인간이 이에 속합니다. 스스로를 불행하고 고독한 존재로 생각하는 사람입니다.

이보다 더 불행한 사람은 사랑을 받고 있고 사랑할 능력이 있음에도 불구하고 사랑을 할 줄 모르는 사람입니다. 이 형태의 인간은 삶의 과정 중에서도 가장 불행한 형태라고 할 수밖에 없습니다. 줄 줄을 모르기 때문에 받을 수도 없고 능력이 있음에도 베풀 수가 없기 때문입니다. 오늘날 우리의 삶 중에서 세 번째 유형의 사랑의 문맹자가 많음은 슬픈 일입니다.

아름다운 삶은 사랑하는 데 있고 사랑을 받고 있음을 깨닫는데 있습니다. 넘치도록 많은 사랑과 도움을 받고 살면서도 사랑할 줄도 모르고 사랑하지도 않는 사람은 어디에 있든 불행하다는 느낌을 가질 수밖에 없습니다.

사랑의 눈은 자기를 다스리고 자기를 가꾸는 데서 뜨이기 시작합니다. 사랑의 눈을 가지고 스스로를 사랑하고, 세계를 모두 사랑할 때 인간은 행복해지는 법입니다. 눈이 올 때 거리에 나서 보았습니까? 사랑하는 눈으로 나서 보았습니까? 분명 사랑의 눈은 자기와 만나는 시간에 가능해집니다.

## 사랑을 누리는 여행

삶의 여행 가운데서 사랑의 늪에 빠진 사람이 있는가 하면, 사랑의 들길을 향내음 속에 걷는 사람도 있습니다. 사랑은 누구에게나 주어진 특권이기 때문입니다. 누구에게나, 언제나, 어느 곳에서나 모든 인간에게 주어진 특권이기 때문입니다.

사랑은 시공(時空)을 초월하며 지위와 성과 인종을 초월한 위대한 특권입니다. 그러나 우리는 사랑 대신 남을 미워하며, 남을 저주하고 질시하며 살아온 시간이 얼마나 많은지 모릅니다. 우리 삶의 여행은 긴 것 같으나 남을 사랑하고, 자신을 사랑하며 살기에서 부족한 시간입니다.

사랑은 인간이 쓰지 아니하고, 행하지 아니하고, 깨닫지 않음으로 빛을 발하지 못했을 뿐이며, 마음먹기에 따라 언제, 어느 곳에서나, 누구에게든 베풀며 나눌 수 있는 특권입니다. 사랑이라고 하면 쉽게 떠올리는 것은 대중매체에서 나타난 남녀관계의 도식 속에서만 이해하려 하는 경우가 많습니다.

- 사랑은 포기다. 그것도 완전한 포기다.
- 사랑은 용서다. 그것도 조건 없는 무조건적 용서이다.
- 사랑은 요구가 아니라 수용이다.
- 그것도 희생과 봉사를 기꺼이 감내하는 수용이다.
- 사랑은 언어의 희롱이 아니라 행함이다.
- 그것도 자원적인 행함이다.
- 사랑은 주는 것이다. 받으려는 게 아니다.
- 사랑은 마음의 빛이다. 진실한 마음의 빛이다.
- 언제나 남을 위해 비추는 빛이다.
- 사랑은 자유로움이다.
- 구속과 속박이 아니라 포기함으로 자유로워지는 것이다.
- 사랑은 무조건적인 것이다. 조건이 없는 나눔이다.
- 사랑은 시인의 노래가 아니요, 철학자의 사색함도 아니다.
- 사랑은 평범한 사람들의 마음의 울림이다.
- 남에게 전달되는 마음의 울림이다.
- 그러므로 사랑은 위대한 결심이다.

때로는 “어떻게 사랑을 합니까?”라고 질문하는 사람들이 있습니다. 지금껏 우리는 얼마나 많은 사람들의 사랑을 받고 살아왔는지 모릅니다. 그러면서 “어떻게 사랑을 합니까?”라고 물을 수는 없는 것입니다.

지금까지 살아오는 동안 우리는 너무나 많은 사람들의 사랑을 받아왔습니다. 헤아릴 수도 없고, 기억할 수도 없는 많은 사람들로부터 측량할 길 없는 사랑을 받아 왔습니다. 그러나 우리는 얼마나 많은 사랑을 베풀며 살아왔는지를 생각해 봐야 합니다. 사랑은 인간에게 주어진 특권이며 그 양과 횟수는 누구에게나 무한하게 주어져 있습니다. 다만 우리가 너무 인색한 나머지 횟수를 제한하여 왔고, 상대를 한정시켜 왔으며, 양을 최소화했을 뿐입니다.

누구에게, 언제, 얼마나 사랑을 베풀었는지 생각해 볼 일입니다. 어쩌면 이 세상을 살아오며 한 사람도 제대로 사랑해 보지 못한 사람이 얼마나 많은지도 헤아릴 수 없습니다. 그 많은 사람들로부터 많은 사랑을 받고 살아왔으면서도 아무런 사랑을 받지 않고 혼자 커온 듯한 행동을 한 것이 얼마나 많았는지도 모릅니다.

우리는 어쩌면 ‘사랑의 문맹자’들인지도 모릅니다. 사랑을 베풀지도 못하고 사랑을 받을 수도 없는, 그래서 사랑을 모르는 사람들인지도 모릅니다. 어떤 경우에는 사랑을 이성에게만 한정시키는 편협성과 육체적인 것으로만 생각하는 육체적인 관념에서 벗어나지 못하는 사랑의 편식자들도 있습니다. 또한 준 것만을 생각할 뿐

받은 것은 기억하지 못하고 사는 사랑의 망각증이 심화되어 있습니다. 이 점에서 우리 대부분의 사람들은 사랑의 개념마저 모른 채 사랑의 대상만을 바꾸어가는 사랑의 단순한 순례자들인 것입니다.

자기마저 사랑하지 못하는 사람이 얼마나 많은지 모릅니다. 자기를 사랑할 수 없는 사람은 누구도 사랑할 줄 모릅니다. 자기를 사랑할 줄 모르는 사람은 남의 사랑을 받을 줄도 모릅니다. 자기를 사랑하는 사람은 자기에게 가장 엄격하며, 자기를 사랑하는 사람은 자기에게 가장 검약한 모습이 되어야 합니다.

자기를 위장하고 포장하려는 사람은 자기를 사랑하지 않는 사람입니다. 자기를 방임하는 모습 또한 자기를 사랑하는 사람의 모습이 아닙니다. 자기를 학대하는 사람이나 자기에 도취된 삶도 스스로를 사랑하는 사람이 아닙니다. 남을 위해 울 수 없는 사람도 자기를 사랑하지 않는 사람이며, 남의 기쁨을 함께 나눌 수 없는 사람도 사랑을 모르는 사람인 것입니다.

사랑을 모르는 사람은 육체적인 관계에 눈이 어둡고 심령이 없는 사람들입니다. 사랑을 모르는 사람은 주기 보다는 받기만을 원하며, 사랑하기 보다는 사랑받기만을 원합니다. 사랑을 모르는 사람은 온전한 용서를 받을 줄도 모르고, 더 더구나 용서할 줄도 모르는 사람입니다. 사랑을 모르는 사람은 눈이 어두워 자기 스스로도 올바르게 보지 못하며 들을 수도 없는 경우가 많습니다.

사랑은 어린아이와 같은 순수함과 자기의 완전한 포기를 통해 가능합니다. 그리고 참으로 마음 속 깊은 곳으로부터 오는 아름다운 용서를 통해 가능할 뿐입니다. 자기의 포장과 자기의 유익을 구하려는 사람들에게 진정한 사랑은 어려운 일입니다.

자기에게 아름다운 사람이 되십시오. 타인의 아름다움도 함께 하는 사람이 되십시오. 그때 우리는 어렴풋이 사랑을 감지하게 될 것입니다. 마치 아기의 걸음마처럼 사랑을 행하게 될 것입니다. 왜냐하면 사랑하며 용서하고 봉사하는 시간만이 살아 있는 시간이기 때문입니다.

사랑은 보이지 않는 것

사랑은 보이지 않는 것
엿보려 하여도 보이지 않는 것
하늘처럼 땅처럼 넓은 마음이 되는 것
슬픔도 담고, 기쁨도 담고, 그리움도 담는 것
죽도록 사랑할 때만 문틈 사이로 볼 수 있는 것
사랑은 보이지 않는 것
사랑은 보이지 않으나 담을 수 있는 것

이처럼 사랑의 마음을 품고 여행하는 우리들은 사랑과 이별, 그리움과 아픔을 함께 담는 사랑의 순례자들입니다. 함부로 사랑한다고 말하지 마세요. 사랑은 언어의 희롱이 아닙니다. 마음에 보이지 않게 담는 것입니다. 그러므로 사랑은 지울 수 없는 것입니다. '사랑의 지우개'를 함부로 사용하지 마세요. 지울 수도 없는 것이 사랑이기 때문입니다. 그러므로 함부로 사랑한다거나, 함부로 보낸다거나 하는 말을 하지 마십시오. 사랑은 조건 없이, 기약 없이 주는 것입니다.

쉘 실버스타인의 《아낌없이 주는 나무(the giving tree)》에서 보면 조건 없이 주는 나무와 인간의 관계를 묘사하고 있습니다. 결국 인간은 나무의 큰 사랑 앞에 무릎을 꿇게 됩니다. 사랑은 조건 없이, 아낌없이 주는 것이기 때문입니다.

### 반려동물과 함께하는 여행

삶의 여행 가운데서 주변 사람들과의 진정한 교류가 없는 오늘날에는 사람과의 만남대신 반려동물과 애착관계를 맺는 사람들이 많습니다. 반려동물은 다양하지만 가장 많이 차지하는 동물은 애완견과 고양이입니다. 반려동물과의 애착관계를 통해 인간과 맺지 못하는 관계를 보상받으려는 심리 때문이기도 합니다. 어떤 경우 사람보다 동물이 훨씬 더 신뢰할 만하고 배신을 하거나, 미워하거나, 떠나거나 하는 경우가 적습니다. 그래서 많은 사람들이 반려동물을 사랑하고 반려동물로부터 위안을 받고 심리적 안정을 찾기도 합니다.

동물은 배신하지도 않고, 주인을 떠나지도 않고, 충성스런 태도를 보여 어떤 때는 사람보다 나은 상대일 수 있습니다. 이 세상의 모든 사람들이 등을 돌려도, 미워해도, 비난을 해도, 떠나도 반려동물은 결코 사랑을 주는 사람의 곁을 떠나지 않습니다. 반려동물은 인간이 변하지 않는 한 무조건적인 사랑과 충성, 애착관계를 맺습니다. 사람대신 반려동물이 외롭고 지치고 세상에서 소외받은 사람들의 친구가 되어줍니다.

미국 캘리포니아 버클리대학 앞의 거리에서 만난 노숙인 곁에 목욕도 하지 않은 더러운 개가 함께 있는 것을 보았습니다. 노숙인의 모습 또한 더러운 모습이었지만 개 또한 더러운 모습의 개였습니다. 이들은 집도 없이 길에서 자고 생활하지만 서로를 의지하고 있었습니다. 개는 주인을 철저히 보호해주는 태도를 보이면서 행여 누군가 주인에게 해코지 하는지를 눈여겨보고 있었습니다. 이들의 모습에서 반려동물이 주인에게 얼마나 조건 없는 깊은 사랑을 하는지를 알 수 있었습니다.

버클리대학 근처에서 이와 같은 모습을 여러 차례 본 적이 있습니다. 주인이 피자 한 조각을 구걸해 먹고, 또 한 입을 개에게 먹이고, 또 다시 자기가 먹고 하는 모습을 보면서 반려동물과 노숙인의 모습이 얼마나 서로 사랑하는 모습인지를 알 수 있었습니다. 동물은 변심하지 않습니다. 정직합니다. 그리고 자기에게 커다란 위해를 주지 않는 한 남에게 피해를 주지 않고 미워하지도 않습니다.

동물들의 사랑은 무조건적인 사랑입니다. 자식을 낳기 위해 북극에서 뉴질랜드의 남쪽까지 8만 여 km를 먹지도 않고 헤엄쳐 오는 고래의 사랑이나, 북해에서 자기가 태어난 고향까지 수 만 km를 먹지 않고 헤엄쳐 오는 연어의 모습 속에서 반려동물의 아름다운 모습을 쉽게 상상할 수 있습니다. 연어의 경우는 고향에 돌아와 온 몸에 상처를 입으면서 알을 낳고 생을 마칩니다. 이토록 동물들의 사랑은 절대적이고 조건이 없습니다. 어느 동물이든, 심지어 사자나 호랑이마저도 자기의 배고픔이 없는 한 무조건적으로 사냥을 하거나 먹으려고 하지 않습니다. 또한 사랑을 할 경우에도 많은 동물의 경우 한 사랑만을 하게 됩니다. 어떤 나비는 사랑을 위해 1km를 하늘로 올라, 사랑하는 나비와의 한 번의 사랑을 한 후 생을 마치게 됩니다. 그래서 반려동물은 현대인들에게 사람대신 함께하는 삶의 동반자가 되는 경우가 많습니다.

# 캠퍼스 놀이

우리의 삶의 여행 가운데 가장 아름다운 시절 중에 한 부분이 대학생활입니다. 대학은 낭만이 있고, 꿈이 있고, 도전이 있고, 만남이 있는 곳입니다. 대학생활을 하는 동안 많은 젊은이들이 방황하고, 아파하고, 외로워하는 경우도 많지만 이에 못지않게 젊음의 열기와 열정과 도전이 함께하는 곳이기도 합니다.

대학생활은 삶을 설계하는 곳이기도 하지만 자기를 시험하는 생애 도전의 시기이기도 합니다. 어떤 때는 밤새워 누구를 그리워하기도 하고, 밤새워 학업에 매진하기도 하고, 술과 담배와 성에 빠져 지내는 경우도 있습니다. 이 모두 젊다는 이유 때문이며 대학이라고 하는 특수한 문화 때문이기도 합니다.

후쿠하라 마사히로가 쓴 《하버드의 생각수업》 이라는 책에서는 세계 최고의 대학인 하버드에서 학생들이 어떻게 생각하고, 가치관을 갖게 만드는가에 대한 내용을 다루고 있습니다.

이 책에서는 대학시절에 지식과 경험을 토대로 사고과정을 어떻게 정립하는가를 쓰고 있습니다. 하버드 대학의 토론 수업, 영국의 옥스퍼드 대학의 압박 면접, 프랑스의 바칼로레아 등의 사고를 키우는 교수법들과 같은 내용을 담고 있습니다. 대학생활은 사고의 삶이 되어야 한다는 것입니다. 사고의 폭을 높이고 자기를 키우려고 생각하지 않는 대학생활은 스스로를 망치고, 취하게 하고, 버리는 시간이 되기 쉽습니다. 수업에 매몰되거나 성적에 매몰되어 뜻 없이 4년을 보내게 되면 삶에서 4년을 헛되이 보내는 것과 같습니다.

대학 생활에서 꼭 알아야 할 것은 '내가 누구인가?' '나는 무슨 생각을 하는가?' '내 생각은 무엇인가?'부터 시작해서 조직과 사회 그리고 국가를 이해하는 태도를 길러야 합니다. 더 나아가서는 세계를 읽는 안목을 길러야 합니다. 자기 삶을 살 수 있는 진정한 자유를 배워야 합니다. 심지어 실생활에서 필요로 하는 빚 없이 살 수 있는 지혜와 타인이 원하는 삶이 아닌 내 스스로의 삶을 터득하는 법도 배워야 합니다.

대학생활에서 또 하나 잊어서는 안될 것은 더 나은 미래를 설계하는 일입니다. 자신의 성공이나 영달, 안위가 아니라, '과학은 어디까지 진보하는가' '자연을 진정으로 소유하는 것이 무엇인가' '자기와 함께하는 예술이 무엇인가' 등을 설계하는 일입니다. 그럴 때 대학생활에서의 삶의 여행은 자기와 만나는 여행이 될 것이요, 이웃을 만나는 여행이 될 것이고, 자기를 발견하는 시간이 될 것입니다.

GE(General Electric)의 전기의 마술사라 불리는 메이츠라는 사람은 "훌륭한 젊은이와 그렇지 않은 젊은이를 어떻게 구분할 수 있습니까?"라는 어느 언론인의 질문에 이렇게 답했다고 합니다. "꿈이 있고 뜨거움이 있는 젊은이는 진정으로 살아있는 젊은이요, 꿈이 없고 노력하지 않는 젊은이는 죽은 젊은이다."라고 했습니다. 이처럼 대학시절에는 무한 도전의 귀한 시기이기도 합니다. 자기가 자기와의 직면을 할 수 있는 귀한 시기이기도 하고, 깊은 학문의 고뇌를 맛보는 값진 시간이기도 합니다. 또한 미치도록 누군가를 사랑할 수 있는 사랑의 도전자가 되기도 하는 시간이기도 합니다.

대학생활에는 세 가지의 만남이 있다고 합니다. 하나는 자기와의 만남입니다. 자기와 직면할 수 있기 때문에 자기 시험의 장이기도 하고, 자기 도전의 장이기도 하고, 자기 시련의 장이기도 합니다. 그래서 대학생활은 진정한 자기와 만나는 삶의 여행 기간입니다.

두 번째는 사랑하는 사람과의 만남입니다. 우리의 삶의 여행 가운데서 언제 첫사랑을 만나게 되느냐는 개인차가 있기 마련입니다. 어떤 이는 초등학교 고학년에서, 또 어떤 이는 중학교나 고등학교에서 만나는 경우도 있습니다. 그러나 성숙된 진정한 이성과의 만남은 대학 캠퍼스에서 젊은이의 낭만과, 어느 정도 성숙된 인격과, 육체적 성숙 속에서 만날 수 있기 때문에 대학생활은 사랑하는 사람과의 귀한 만남의 여행시기이기도 합니다.

또 다른 만남은 학문과의 만남입니다. 대학에서는 자기가 원하는 전공과 또 자신의 적성과 부합된 학문영역을 수학하게 되는 시기입니다. 즉 학문과의 만남의 시기인 것입니다. 진정으로 학문과 만날 때 자기를 발견할 수 있고 존경하는 스승을 만날 수도 있습니다. 《탈무드》에 보면 '하루를 공부하지 않으면 그것을 회복하는데 이틀이 걸린다.'라고 말합니다. 대학에서 학문과의 만남은 이토록 중요한 것입니다.

이처럼 대학생활을 통한 삶의 여행은 4년간 혹은 2년간의 짧은 기간이지만 우리의 여행 가운데 가장 의미있고 중요한 여행의 시기이기도 합니다. 잃어버린 4년이 되는 경우도 있고 자기를 다시 채우는 4년이 될 수도 있습니다. 특히 대학생활에서 가장 중요한 몇 가지는 태도가 있습니다.

- 자신을 있는 그대로 받아들일 줄 아는 용기
- 세상과 인생을 향한 고상한 태도를 기르는 용기
- 하나님의 위대하심과 무한한 가능성을 신뢰하는 믿음의 용기
- 온 세상과 인류를 섬기려는 원대한 정신
- 아낌없이 버리고 아낌없이 주며 아낌없이 사랑하려는 정신

- 자신과 싸우려는 끝없는 용기
- 타인에게는 관대하고 자신에게는 인색한 통제력
- 일생의 직업을 정하는 지혜
- 사람의 사람에 의한 사람을 위한 삶의 철학

대학은 아름다운 곳이지만 추해 질 수도 있는 곳이고, 자유롭지만, 한없이 방황할 수도 있는 곳이며, 한없이 채울 수 있는 곳이기도 하지만, 한없이 비울 수 있는 곳이기도 합니다. 비우며 새로운 곳을 채우는 용기와, 갖은 유혹과 방황 속에서도 자신을 잃지 않는 용기와, 자신(Self)은 있되 자기(Me)가 없는 신선함이 함께 할 때 대학생활 동안의 여행은 아름다운 여행이 될 것입니다.

대학시절에 은사이신 한 교수님께서 젊음은 특권이라는 말씀과 함께 다음과 같이 말씀하신 것을 기억하고 있습니다. 첫 번째는 젊음이라는 이유 하나로 아무런 조건 없이 빚을 얻을 수 있는 유자격자가 되어라. 두 번째는 필요하면 시간과 돈도 낭비하라. 그러나 두뇌의 낭비만은 하지 말라고 하셨습니다. 최소 2년, 길게는 10년의 캠퍼스 생활은 우리 삶의 여행 중 가장 값진 여행기라는 것을 잊어서는 안됩니다. 캠퍼스 여행 기간 중 '꿈도 영웅도 잃어버리는 (Where heroes and dreams died)' 죽은 긴 터널은 보내지 마십시오.

## 세 길로 가는 여행

우리 삶의 여행 가운데 우리는 여러 가지 선택을 하게 됩니다. 그 중에서 가장 중요한 선택은 '어떻게 살 것인가?' '누구와 함께 살 것인가?' '무엇을 하며 살 것인가?'입니다.

이 세 가지 선택은 우리 삶의 목표이고 과정이고 내용이기도 합니다. 이 선택이 잘못될 경우 어떻게 살 것인지도 모르고, 누구와 함께 살 것인지도 모르며, 무엇을 살아야하는지도 모르는 삶이 되기 쉽습니다.

어떤 사람이 어떻게 살 것인가를 모르고 살다가 어느 날 갑자기 세상을 떠났을 때, 그를 사랑하는 사람들이 그의 묘비에 뭐라 쓸 것인가를 고민했다고 합니다. 주변의 사람들이 아무리 생각을 해봐도 세상을 떠난 그 사람이 크게 한 일이 없고 어떻게 살 것인지 뚜렷한 목표 없이 살았기 때문에 묘비에 '그는 먹다 죽다.'라고 썼다고 합니다. 한 일이 먹고 입고 자고 하는 1차적 욕구를 채우는 삶을 살다가 갔기 때문이었습니다.

두 번째 선택인 누구와 함께 살 것인가 또한 중요한 선택입니다. 도적들과 함께 살면 도적 떼가 되는 것이요, 타락한 자들과 함께 살면 타락한 자들이 되는 것이고, 전쟁에 참여해서 싸우는 무리가 됐다면 이는 아군 무리거나 적군 무리라고 할 수 있습니다. 이처럼 누구와 무엇을 하느냐는 삶의 여행을 방향을 결정하기도 하고 삶의 질을 결정하기도 합니다.

어느 어머니가 몇 개월 해외에 나가 있을 수밖에 없어 할머니에게 아이들을 맡기고 떠났다고 합니다. 이 할머니는 불행하게도 욕을 잘하는 할머니였습니다. 매일 욕과 함께 시간을 보낸 아이들은 할머니의 욕을 그대로 배웠습니다. 어머니가 해외에서 돌아오자 아이들의 말의 절반은 욕이었습니다. 이처럼 누구와 함께 사느냐는 것은 인생의 여행 가운데 매우 중요한 결정 중에 하나입니다.

반려자를 선택할 때나, 친구를 선택할 때나, 이성 친구를 선택할 때에도 누구와 함께 할 것인가를 제대로 생각한 다음 선택을 해야 합니다. 잘못 만난 부부는 일생을 불행하게 살 수 있는데, 이 또한 누구와 함께 살 것인가를 잘못 선택했기 때문입니다. 누구와 함께 살 것인가를 선택할 때에는 가진 것, 있는 것, 외모의 아름다움, 사회적 지위 등 보다는 내면의 아름다움과 진실됨, 성실함과 변함없는 안정적인 사고를 가진 사람들과 함께 살아야 합니다.

요즘의 사회는 누구와 함께 사는 것보다는 스쳐지나가는 일시적 관계나 소비용 관계에 치중되는 경우가 많습니다. 그러므로 현대인은 외롭고 또 외로운 존재이기도 합니다.

이러한 외로움을 채우기 위해 애완동물로 간접욕구를 채우기도 하고, 쾌락을 추구하거나, 낭비를 하거나, 중독에 빠지거나 하면서 고독을 잊으려고도 합니다. 그러나 이러한 방법으로는 외로움을 채우기보다는 또 다른 아픔을 경험하기 쉽습니다. 고독은 또 다른 고독을 낳고 또 다른 고독은 좌절과 극단적인 일탈을 야기 시키기도 합니다. 진정으로 누구와 함께 할 것인가를 제대로 선택했을 경우 안정된 관계 속에서 자신을 살찌울 수 있습니다.

세 번째 선택은 무엇을 할지에 대한 선택입니다. 무엇을 하며 살 것인가의 선택은 무엇이 될 것인가의 선택과 다릅니다. 많은 사람들이 무엇을 하며 살 것인가를 물으면 '무엇이 될 것인가' '얼마나 수입을 얻을 수 있는가'라는 잘못된 생각을 하는 경우가 많습니다. 그러나 진정 무엇을 하며 살 것인가는 어떻게 살 것인가, 누구와 함께 살 것인가와 깊은 연관이 되어 있습니다.

우리 주변의 직업관이나 직업의식을 보면 사회적 신분이나 수입에 더 관심을 갖고 있습니다. 고시에 합격한다거나, 의사가 된다거나, 유명 연예인이 된다거나, 유명 스포츠맨이 된다거나, 회사의 경영진이 된다거나 하는 것에 관심이 많습니다. 그러나 이러한 신분이나 수입이 우리의 삶에서 선택을 하는데 반드시 필요한 올바른 선택의 지표들은 아닙니다. 물론 신분이나 수입도 중요합니다. 그러나 그보다 더 중요한 것은 내가 선택한 직업과 내가 선택한 할 일이 삶에 귀중한 가치가 되어야 하고 자아실현을 하는 기쁨으로 돌아와야 합니다.

파스칼은 '직업은 인간이 선택할 수 있는 것이 아니라 주어진 것이다.'라고 했습니다. 파스칼의 말의 뜻처럼 무엇을 할 것인가를 선택하는 일은 자기가 하고 싶은 것, 자기가 잘 할 수 있는 것, 자기에게 기쁨이 되는 것, 해야 하는 것이 아니라 '하고 싶은 것'이 되어야 합니다. 그럴 때 어디에서 무엇을 하든 성공할 수 있고 자신의 만족과 기쁨 속에서 사회와 국가를 위해서 기여할 수 있을 것입니다.

그러므로 무엇을 할 것인가와 관련된 직업 선택을 'Beruf'라고 하며 또 하늘로부터 받은 소명(calling)이라고 합니다. 종래처럼 블루칼라나 화이트칼라로 구분되던 사회와는 달리 요즘에는 옐로우칼라가 등장할 정도로 다양한 직업이 있기 때문에 무엇을 할 것인가의 선택은 중요한 때가 됐습니다.

우리 삶의 여행 가운데 이 세 가지 선택은 인생을 준비하고 올바른 삶의 선택을 하며 감사하고 사는 지혜이기도 합니다.

# 거인과 난쟁이의 놀이

《미국 정신의 종언》이라는 책을 쓴 시카고 대학의 블룸 교수는 《거인과 난쟁이》라고 하는 책에서 걸리버 여행기에 대한 자기의 견해를 설명하면서 걸리버는 분명히 거짓말쟁이이지만 우리가 살고 있는 복잡한 자연과 세계를 이해할 수 있는 가능성을 제시해 주고 있다고 설명하고 있습니다.

삶의 여행 가운데 우리는 아주 거대한 것과 아주 작은 것을 만나는 경우가 있습니다. 아주 거대한 것도 값지지만, 아주 작은 것도 값진 경우가 많습니다. 그러나 많은 경우 아주 작은 것보다는 거대한 것을 더 귀히 여기는 경우가 많습니다. 삶의 여행 가운데 거대한 것을 만나든, 작은 것을 만나든 우리의 마음자세가 똑같을 필요가 있습니다. 그럴 때 우리는 누구와 어디에서 어떻게 만나든 비굴하지 아니하고, 아첨하지 아니하고, 위축되지 아니하고 떳

떳이 관계를 알 수가 있습니다. 키가 작은 난쟁이의 경우는 곡마단의 곡예사를 연상하는 경우가 많습니다. 또 실제로 그러한 경우가 많았습니다. 그러나 키가 작든, 키가 크든 우리는 똑같은 인간으로 태어났다는 것을 잊어서는 안 됩니다.

외모가 수려하고 지위가 있거나 큰 사람 주변에는 사람들이 몰려드는 경우가 많지만, 키가 작은 난쟁이의 경우는 주변에 놀림꾼들 밖에 없는 경우가 많습니다. 이 세상에는 모든 사람들로부터 버림을 받고, 비난을 받고, 놀림을 받는 사람들이 오히려 진실 된 사람인 경우도 있다는 것을 잊어서는 안됩니다.

한 번도 눈물을 흘려보지 못한 거인이 아름다운 것인가, 한 번도 웃음을 몰랐던 난쟁이가 아름다운가는 깊이 생각해 볼 일입니다. 기억하십시오. 나약한 사람들에게서 많은 것을 배울 수도 있습니다.

거인보다 난쟁이의 경우에 배울 수 있는 것이 더 있습니다. 아픔이 무엇인지, 외로움이 무엇인지, 힘없는 것이 무엇인지를 배울 수 있습니다. 거인의 주변에서 아첨하는 우둔한 사람들과 타인의 아픔과 조롱 위에 기쁨을 맛보려는 어리석은 사람들의 모습을 쉽게 구분할 수 있기 때문입니다.

우리는 삶의 여행 가운데서 거인이 될 수도 있고 난쟁이의 모습이 될 수도 있습니다. 거인이 되었을 때나 난쟁이의 모습이 되었을 때도 우리의 내면 속에 흐르는 마음은 자신의 모습이라기보다는 타인들에 의해 판단되어진 모습일 경우가 많습니다.

거인이 되려하지 마십시오. 작은 모습으로 작은 실천을 할 수 있는 낮은 사람이 되려 하십시오. 그럴 때 왜소한 난쟁이의 눈빛 속에서 삶을 조심스레 살펴보는 가련함과 애수가 값진 인간의 감성으로 받아들여지고 인권의 가치를 존중하는 생각과 함께 할 수 있기 때문입니다. 그것은 바로 겸손이요, 용기요, 평안함입니다.

## 파이놀이

삶의 여행 가운데 이웃의 배고픔을 알고 나누는 것은 아름다운 여행 중에 하나입니다.

유태인들에게는 체데카(Tzedakah)라는 기부 의무가 있습니다. 이런 이유로 미국 비즈니스 위크에 50대 기부자 중 유태인이 30% 이상을 차지하는 것을 알 수 있습니다. 가난한 사람에게 기부하는 것은 유대인들의 의무 중에 하나이기 때문입니다. 체데카는 죄로부터 용서를 받는 세 가지 행동 중 하나라고 합니다. 이처럼 나누며 사는 것은 인간이 가져야 할 가장 고귀한 의무 중 하나입니다. 나눔을 통해 의료시설, 교육시설 그리고 홀로 된 소년, 소녀 가장이나 가난한 사람, 늙은 독거노인을 돕는 일은 나누며 사는 삶의 여행에서 대표적인 일 중에 하나입니다.

'당신이 주는 것은 당신이 살아 있다는 증거이다.'라고 엘리자베스 비베스코가 말했듯이 기억하지 않고 주며, 잊지 않고 받는 나눔의 여행은 우리의 삶의 여정 가운데 가장 축복된 일 중에 하나입니다.

유태인들의 나눔에서 나눔의 종류가 있다고 합니다. 낮은 수준에서 높은 수준까지 나눔의 철학이 있다고 합니다. 가장 낮은 수준의 나눔은 마지못해 아까운 듯이 주는 것이고, 가장 높은 수준의 나눔은 혜택을 받는 사람이 스스로 자립할 수 있게 만들어 주는 나눔이라고 합니다.

- 마지못해 아까운 듯이 주는 것 (가장 낮은 단계의 나눔)
- 줘야 할 것보다 적게 주는 것, 그러나 기쁘게 주는 것
- 요청을 받은 다음 주는 것
- 요청을 받기 전에 주는 것
- 혜택을 받는 사람을 알지 못하면서 주지만, 받는 사람은 주는 사람을 아는 것
- 나누는 사람이 혜택을 받는 사람을 알지만, 혜택을 받는 사람은 주는 사람을 모르게 주는 것
- 주는 사람과 받는 사람이 전혀 모르는 상태에서 주는 것
- 받는 사람이 스스로 자립할 수 있게 만들어 주는 것 (가장 높은 단계의 나눔)

이처럼 나눔의 여행은 도움을 필요로 하는 사람들이 도움 없이도 살 수 있도록 하는 것이 가장 큰 목적이기도 합니다. 그러므로 주고 생색내서는 안되고 받아서 비굴해져서도 안됩니다. 주는 사람과 받는 사람이 전혀 모르게 나눔의 여행을 해야 합니다.

최초의 흑인 앵커인 오프라 윈프리는 미국에서 가장 기부를 많이 하는 여성 리더로 알려져 있습니다. 사생아로 태어나 불행한 일들을 많이 겪으며 마음의 상처를 안고 살아 온 윈프리는 불우한 환경으로 인해 생긴 상처를 원망하거나 감추기보다는 그것을 떳떳이 드러내 놓고 불우한 환경의 사람들을 돕는 일을 시작했습니다. 그녀는 1,400만 명의 시청자가 지켜보는 가운데 '남보다 더 가졌다는 것은 축복이 아니라 남을 도와야 한다는 사명입니다.'라며 불우한 수많은 이웃을 돕는 일에 앞장서 왔습니다. 12개의 가난한 나라에 50개 이상의 학교를 세우고, 남아프리카의 가난한 아이들 18,000명에게 학용품, 교복, 신발을 기증하기도 했습니다. 자신의 불우함을 극복하고 고통이 닥칠 때마다 밝은 웃음과 여유를 잃지 않으며 가장 영향력 있는 여성으로 주목 받고 있습니다. 이처럼 나눔의 여행은 희망의 여행이고, 가장 관대한 여행이기도 합니다.

마찬가지로 미국의 벤처기업 성공신화를 일군 빌 게이츠 역시 우리나라 돈 38조원을 사회에 나눔으로써 사회적 기부에 큰 별이 되었습니다. 빌 게이츠는 매년 수조원에서 수천억 씩 빌 게이츠 재단을 통해 사회에 나눔의 여행을 하고 있습니다. 나눔은 나눈만큼 인간의 행복의 밭을 더 크게 일굴 수 있고 인간의 아름다움이 얼마나 큰지를 가늠하게 해 줍니다. 나눔의 여행은 우리의 삶 속에서 가장 의미 있는 여행 중에 하나입니다. 누군가 빌 게이츠에게 기부하는 이유를 물었다고 합니다. 그는 "사회로부터 얻은 재산을 다시 사회에 돌려주는 것은 당연한 일이다."라고 했다고 합니다. 이렇듯 자신이 이룬 부나 명예는 사회가 준 것이기에 자신도 사회에 돌려주는 것이라는 것입니다.

빌 게이츠 못지않게 나눔을 실천한 워렌 버핏은 빌 게이츠가 운영하는 재단에 기부한 것을 비롯해 43조원을 기부하면서 "열정은 성공의 열쇠이고 성공의 완성은 나눔이다."라고 했습니다. 워렌 버핏은 우리가 살아오면서 즐거웠던 기억들만 남기고 나머지 모든 것은 사회에 돌려주라고 권고하고 있습니다. 그러면서 "자식들에게 너무 많은 유산을 남겨주는 것은 오히려 독이된다."고 말합니다.

한경직 목사는 이 세상을 떠날 때에 그의 주머니에 2만원의 돈만 가지고 집도 재산도 없이 일생을 병든 영혼과 아픈 영혼을 구원하는 데에 바쳤습니다. 모든 것을 다 나눈 것이지요. 장기려 박사 역시 일생을 가난하고 불쌍한 이웃을 위해 의술을 베풀었고 어떤 수입 또한 가난한 이웃을 위해 나누었습니다. 이처럼 우리의 삶의 여행 가운데 나눔의 여행은 이웃을 따뜻하게 하고 자신 또한 마음에 부자가 되는 것입니다.

영국의 배우이자 모델인 오드리 햅번이 2차 세계대전 동안 힘

겨운 삶을 살 때 유니세프에서 준 빵으로 삶을 연명을 했다고 합니다. 그녀는 '절망의 늪에서 나를 구해준 분들을 위해 내가 봉사할 차례다.'라고 하면서 사회봉사를 실천했다고 합니다. 특히 1993년 암으로 세상을 떠나는 순간에도 아프리카 오지에 어린아이를 자신의 품에 안고 진심으로 마음 아파하며 세상을 떠났다고 합니다.

이러한 섬김을 통해 한 배우로서가 아니라 어머니의 큰 사랑으로 인류에게 값진 유산을 남겨 준 것입니다. 이러한 그녀의 인류애를 기리기 위해 2004년 2월에 오드리 햅번 평화상이 제정되었습니다. 오드리 햅번의 나눔의 행복, 진정한 아름다움이 무엇인지 그녀가 아들 숀에게 쓴 편지를 통해 알 수 있습니다.

아름다운 입술을 갖고 싶으면 친절한 말을 하라.
사랑스러운 눈을 갖고 싶으면 남의 좋은 점만 보라.
날씬한 몸매를 갖고 싶으면 너의 음식을 배고픈 사람과 나누어라.
아름다운 머릿결을 갖고 싶으면 하루에 한 번 어린아이가 너의 머릿결을 쓰다듬게 하라.
아름다운 자태를 갖고 싶으면 어려운 이들과 함께 걸어라.
사람들은 상처로부터 회복되어야 하고
낡은 것으로부터 새로워져야 하고
병으로부터 회복되어야 하고
무지함으로부터 교화되어야 한다.

결코 누구도 버려져서는 안 된다.
기억하여라. 만약 네가 누군가를 도울 손이 필요하다면
너의 팔 끝에 있는 손을 쓰면 된다는 사실을 기억하라.
그리고 더 나이가 들면 네 손이 두 개라는 사실을 새삼 느끼게 될 것이다.
한 손은 네 자신을 스스로 돕는 손이고,
다른 한 손은 다른 사람을 돕는 손이라는 사실을 느끼게 될 것이다.

## 섬김의 여행

인류 역사는 지배의 리더십에서 섬김의 리더십으로 변화되어 왔다고 합니다. 그러나 우리의 삶의 여행에서 섬김의 여행은 이웃을 섬기고, 자신도 올바로 섬기고, 모든 사람들을 섬기는 여행을 말합니다.

섬김의 리더십은 20세기에 AT&T 로버트 그린리프에 의해서 소개되었다고 합니다. 이후 섬김의 리더십은 그 어떤 리더십보다 참된 리더십이라는 것을 알 수 있게 되었습니다. 헤르만 헤세는 동방순례자 중 레오라는 섬기는 종이 있었는데 순례자들이 피곤해지면 노래를 불러주거나 섬김의 배려를 통해 위로했다고 합니다. 그러던 중 여행 도중에 레오가 실종됐는데 불화와 분란이 일어나게 됐고 순례자들은 레오가 진정한 지도자였음을 알게 되었다고 합니다.

이처럼 섬기는 일은 삶의 여행 가운데서 더불어 사는 가장 훌륭한 묘약이기도 합니다. 그래서 우리에게 권고할 만한 일은 '자리를 탐하지 않고, 섬김을 탐하라.'라는 것입니다. 지배하기보다는 섬김을 택해야 하고, 기득권을 유지하기 보다는 희생을 택해야하며, 가지는 것을 택하기 보다는 주는 것을 택해야 하는 것입니다.

섬김은 자기를 낮은 자세로 내어주는 일입니다. 그러므로 자기를 세우는 일이 아니라 남을 세우는 일이요, 이웃과 사회와 국가를 세우는 일이기도 합니다. 섬기는 일은 세상을 지금보다 훨씬 따뜻하게 하는 일이기도 합니다.

닉 부이치치는 팔다리 없는 삶 속에서 복음과 희망과 꿈을 전달하는 천사가 되었습니다. 닉 부이치치의 허그(Hug)라는 말이 있습니다. 사랑으로 끌어안는 것이지요. 닉 부이치치는 넘어질 때마다 다시 일어나 섬김을 실천했습니다. 그리고 온 세상을 끌어안기로 결심했습니다. 팔다리 없는 삶 속에서 끊임없는 희망을 안고 불쌍한 영혼들을 구원하기 위해서 작은 빌리 그래함이 되어 세계를 돌면서 이웃을 섬기고 있습니다.

제가 총장시절에 실패학 강좌를 교양강좌로 개설한 적이 있습니다. 강사 중에 한 분을 대학에서 40년 가까이 구두수선과 구두를 닦은 분을 초청을 한 적이 있습니다. 제 방에 들어 설 때 너무 긴장

한 모습을 보았는데 그에게 "선생님은 40년 가까이 더러워진 구두와 해어진 구두를 만지면서 깨끗한 구두로 바꾸어 놓으신 분입니다. 더구나 고개를 뻣뻣이 세워 본 적도 없으시고 낮은 자세로 땅과 신발만 바라보고 사신 분입니다. 그러한 삶 속에서 선생님은 우리가 느끼지 못하고 경험하지 못한 많은 삶의 의미를 터득하셨으리라고 봅니다. 그래서 교양강좌에 초청하도록 한 겁니다."라고 말을 하자 그 분께서 너무 긴장한 모습으로 "이렇게 신사복을 입고 더구나 대학생들에게 강의를 한다는 것은 제 생애 처음입니다."라고 말하던 모습을 잊을 수 없습니다. 이 분을 초청한 것은 높은 지위에 있어서도 아니고, 부를 이루어서도 아니고, 많이 배워서도 아니었습니다. 이 분은 주어진 일에 충실하며 구두를 수선하고 닦음으로써 남을 섬김 것입니다. 이렇듯 섬김은 자기를 내려놓는 값진 삶의 여행입니다.

### 가족과 함께 하는 여행

삶의 여행의 터는 가정, 직장, 그리고 가정과 직장을 떠난 시간에 보내는 세 가지 삶의 여행 터가 있습니다. 이 중에서 가장 중요한 삶의 여행 터는 가족과 함께 하는 가정이고 삶의 대부분이 이루어지는 가정입니다.

가족과 함께하는 여행은 우리 삶의 여행의 방향과 질, 내용을 결정합니다. 러시아의 저항 작가 솔제니친은 공산주의가 무너진 이유는 가정을 중요시하지 않았기 때문이라고 했습니다. 가족과 함께하는 삶의 여행이 불행하면 사회도, 국가도 무너지는 이유가 되는 것입니다.

가정은 한 인간이 태어나 죽음에 이르기까지 언제나 돌아가야 할 곳이기도 합니다. 거기에는 가족이 있습니다. 가족과 함께 하는 긴 여행은 여행의 방향과 여행의 아름다움과 슬픔마저도 결정짓게 하는 경우가 많습니다. 그래서 가족과 함께 하는 여행은 자신의 행복과 함께하는 가족의 행복을 결정짓는 데 중요한 요인이 됩니다. 가족과 함께하는 시간이 많으면 많을수록, 대화가 많으면 많을수록 내면의 행복은 점점 더 쌓이기 마련입니다. 이것이 추억이 되고, 아름다운 과거가 되고, 희망이 있는 미래의 씨앗이 되기도 합니다.

핸리 포드에게 어느 기자가 물었다고 합니다. "당신의 성공한 이유가 무엇입니까? 하는 것마다 성공하는 이유가 무엇입니까?"라고 물었을 때 핸리 포드는 주저 없이 대답을 했다고 합니다. "내가 성공하는 이유는 자동차도 아니오, 사업도 아니오, 내 가정 때문입니다. 내 가족의 따뜻함이 없었다면, 내 가족의 격려가 없었다면 나는 용기를 낼 수도 없었고, 자신감을 가지고 사업을 할 수가 없었을 것입니다. 나에게 가정이 없었다면 나는 사업에 성공할 수 없었을 것입니다."라고 대답을 했다고 합니다.

캘리포니아 대학교 시스템 총장인 가드너 총장도 이와 비슷한 이야기를 했습니다. 2000년에 저와 함께 세미나에 참석차 한국을 방문했을 때 가드너 총장에게 물은 적이 있습니다. "버클리 대학, UCLA 등 캘리포니아의 9개 연구 중심 대학의 40만 명에 이르는 학생들을 가진 캘리포니아 대학 시스템 총장인 당신이 왜 그 중요한 직을 그만 두려하느냐?"라고 물었을 때 가드너 총장은 "내 아내 없이 총장직을 수행할 수 없기 때문이다."라고 대답했습니다. 가드너 총장의 부인이 1년 전 병으로 먼저 세상을 떠났기 때문에 부인 없이 이 중요한 직책을 수행할 수 없기 때문이라는 것입니다. 그 또한 가정이 성공적으로 총장직을 수행하는 데 큰 요인이 된 것으로 생각한 것이지요. 그 때 나는 또 다시 질문을 하였습니다. "아내를 사랑해서인가? 아니면 아내의 역할 때문이었는가?" 그의 대답은 "아내 없이는 총장직을 수행할 수 없기 때문이다."라고 대답했는데, 아내를 사랑하기도 하지만 아내의 역할 때문이기도 하다는 얘기를 하기도 했습니다.

이처럼 가족과의 관계 속에서 우리는 삶의 여행을 하게 되는 것입니다. 사회적 성공도, 개인의 행복도 모두 가족과의 참된 삶의 여행 속에서만 가능하기 때문입니다. 가족은 요람에서 무덤까지 긴 여행 가운데 항상 나와 함께 하는 동반자적 여행의 중심에 서 있기 때문입니다.

# 이별 놀이

우리의 삶의 여행은 100년 가까이 지속되는 여행입니다. 어떤 이는 100년이 넘기도 하고 어떤 이는 100년이 못되어 삶의 여행을 마치기도 합니다. 우리가 태어났을 때 선택할 수 없듯이 우리가 떠날 때에도 선택할 수 없이 떠나야 하기 때문입니다. 떠나는 시간도, 떠나는 이유도, 떠나는 장소도 다 선택할 수 없습니다. 태어날 때에 보내졌듯이 떠날 때도 거두어지는 것입니다.

100년은 긴 시간일 수도 있습니다. 그러나 스스로 사는 시간을 생각해 볼 때 긴 시간이 아닐 수도 있습니다. 할 일을 다 하고 떠나는 사람은 거의 없기 때문입니다. 그리고 모든 일을 다 완성하고 떠나는 사람도 없습니다. 다 이루지 못하고, 다 완성하지 못하고 미완의 삶을 마치게 됩니다.

떠남의 여행은 어디로 가는지도 모르는 여행이기도 합니다. 흔히 지옥과 천당, 극락세계 혹은 지옥, 가톨릭에서는 지옥과 천당 이외에도 연옥 등의 갈 장소들이 정해져 있다고 하지만, 떠남의 여행은 어디로 가는지 모르는 여행입니다. 100년의 긴 여행 동안 어떻게, 누구와, 무엇을 하며 살 것인가를 잘 살았는지, 못 살았는지에 따라 갈 곳이 정해진 것이지요.

떠날 때 떠나는 사람이나, 떠나보내는 사람이나 모두 아픔을 안는 경우가 많습니다. 그러나 어떤 사람은 아주 기쁘게 떠나는 경우도 있습니다. 이 모두 100년의 여행 동안 어떻게 여행을 해 왔는지에 따라 달라지게 됩니다.

일본 도호대학교 오모리 병원 완화 케어 센터의 호스피스 병동의 의사인 오츠 슈이치가 쓴《죽을 때 후회하는 25가지》에서 100년의 여행 끝에 떠남의 여행을 하는 사람들이 후회하는 것들을 보면 다음과 같은 것 등을 후회하는 것으로 나타났습니다.

- 보다 더 사랑해 줄 걸
- 보다 더 베풀 걸
- 보다 더 이해할 걸
- 보다 더 겸손할 걸

또한 오츠 슈이치는《죽을 때 후회하는 25가지》에서 죽음을 앞두고 후회하는 일들을 다음과 같이 열거하고 있습니다.

- 사랑하는 이에게 고맙다는 말을 했더라면
- 진짜 하고 싶은 일을 했더라면
- 겸손했더라면
- 친절을 베풀었더라면
- 나쁜 짓을 하지 않았더라면
- 꿈을 꾸고 그 꿈을 이루려고 노력했더라면
- 감정에 휘둘리지 않았더라면
- 만나고 싶은 사람을 만났더라면
- 기억에 남는 연애를 했더라면
- 죽도록 일만 안했더라면
- 가고 싶은 곳으로 여행을 했더라면
- 내가 살아온 증거를 남겨 놓았더라면
- 삶과 죽음의 의미를 진지하게 생각했더라면
- 고향을 찾아가 보았더라면

만약 1년만 더 시간을 준다면, 더 사랑하고, 베풀고, 이해하고, 겸손할 수 있을 것을 이제 시간이 5분, 10분도 남지 않았다고 한스러워 하면서 떠난다고 합니다. 떠남의 긴 여행은 이러한 아쉬움과 아픔과 죄책감을 안고 떠나는 여행일 경우가 많습니다.

긴 여행은 이제 끝이 났습니다. 먼 하늘 길로 가는 여행은 우리 삶의 끝에서 새로 시작되는 것입니다. 100년의 여행이 끝난 후, 새로 시작된 먼 하늘 여행은 이 세상에 살 때에 무엇을 하며, 어떻게 살았는지에 따라 가는 곳이 정해져 있다고 합니다. 마음의 빚을 지고 사는 사람은 갚을 빚이 많을 것이고, 베풀며, 섬기며, 사랑하며, 용서하며 산 사람은 받을 축복이 더 많을 것입니다.

믿음의 사람들은 천국과 지옥으로 나뉘어 가게 된다고 합니다. 또 어떤 종교에서는 극락과 지옥이라는 표현을 써서 이 세상에서 어떻게 살았는지에 따라 가는 곳이 달라진다고도 합니다. 100년의 여행을 어떻게 했느냐에 따라 결정될 수 있다는 것은 분명한 일입니다. 끝없이 사랑하고, 끝없이 섬기고, 아낌없이 주며, 나를 채우기보다 나를 비우며, 갖기보다 주기를 즐겨하며, 화냄보다 참음을 우선하는 삶이 되어야 할 것입니다.

100년의 여행을 마칠 때 어떤 사람은 아쉬워 할 수도 있습니다. 또 어떤 이는 홀가분해 할 수도 있습니다. 어떤 이는 슬퍼하고 억울해 할 수도 있습니다. 그러나 100년의 여행을 할 수 있는 특권을 갖는 것은 그리 흔한 일이 아닙니다. 100년의 여행을 가는 동안 포기하는 사람도 있을 것이고 포기를 할 수 밖에 없는 사람도 있을 것입니다.

닉 부이치치가 남긴 말이 있습니다. "거세게 밀려오는 도전을 극복하면, 더 강해지고 더 주어진 여건에 감사하게 될 것입니다. 진정으로 중요한 것은 어려움이 있더라도 그 어려움을 극복하기 위해 어떻게 하느냐는 점입니다. 만약에 100번 모두 실패하고 제가 일어나려는 것을 포기하게 된다면, 저는 다시는 일어서지 못 할 것입니다. 난 아직도 기적을 만들어 가고 있습니다."

이처럼 어떤 처지, 어떤 위치, 어떤 때에 있던 100년의 여행 동안 진실되게 아름다움을 추구하며 살았다면, 먼 하늘 여행도 어려운 여행이 되지 않을 것입니다. 그것은 숨을 거두는 죽음이 아니라 새로운 탄생이기 때문입니다.

탈무드에는 '인간에게는 세 가지 이름'이 있다고 합니다. 태어났을 때 부모가 지어준 이름, 우정에서 우러나 친구들이 부르는 이름, 생애가 끝났을 때 얻게 되는 명성이 있다는 것입니다. 이처럼 이별놀이는 이름을 내려놓고 떠나는 여행입니다.

# 4부 • 백 년 동안 스무 가지 여행

100년의 여행은
사랑과 이별을 만납니다.
자연과 인간을 만납니다.
신념과 가치를 만납니다.
가슴에 품을 것과 비울 것을 만나고,
줄 것과 가질 것을 만나며
아름다움과 추함도 만납니다.

# 단 한 번의 사랑 여행

사랑은 참 다양한 모습을 가지고 있습니다. 사랑은 주기 전에는 사랑이 아닙니다. 사랑은 멀리 있지도 않고 더구나 어려운 것도 아닙니다. 사랑을 하게 되면 낮아지고 작아지는 기적을 낳습니다. 사랑은 단순한 것이고 사랑을 하게 되면 단순해집니다. 사랑은 섬김, 섬김은 희생, 희생은 기쁨입니다. 사랑은 자기 최면입니다. 사랑의 자기 최면에서 깨어나면 현실을 볼 수 있고 참모습을 볼 수 있습니다. 그러나 사랑의 자기 최면에 빠지면 제대로 볼 수도 없고 판단할 수도 없습니다. 그래서 사랑에 취한 모습은 가장 무서운 모습이 되기도 합니다. 이 세상에서 가장 무서운 사람은 눈에 보이는 게 없는 사람입니다. 마찬가지로 가장 무서운 사람은 세상적 사랑 때문에 눈에 보이는 게 없는 사람입니다.

사랑의 호르몬이 분비될 때 사랑을 느낀다고 합니다. 학자들은 사랑 호르몬의 시효는 9개월에서 24개월이라고 말합니다. 짧을 경우 아무리 짙은 사랑이라도 9개월밖에 유지될 수 없고 길어도 2년 정도면 맹목적인 사랑이 끝난다고 합니다.

사랑한다하여 삶을 포기하는 경우도 있고, 사랑한다하여 헤어지는 경우도 있고, 사랑한다하여 사랑하는 사람의 삶을 빼앗기도 합니다. 그러나 사랑은 자기를 버리는 것에서부터 출발하고 자기를 지속적으로 버리는 과정을 통해서 얻게 됩니다. 잃음으로 얻고, 잃음으로 느끼고, 잃음으로 함께 할 수 있는 것이지요.

우리의 삶 가운데 유행하는 음악의 90% 이상은 사랑에 관한 것들입니다. 사랑의 상처에 관한 것들, 사랑의 고백에 관한 것들, 사랑 후 이별에 관한 것들, 사랑의 황홀함에 관한 것들, 사랑의 그리움에 관한 것들 등 거의 모든 대중음악에는 사랑의 노래들을 담고 있습니다. 서구사회의 오랜 오페라나 아리아 등도 모두 사랑에 대한 것들이고 세계적인 유명작품 속에도 사랑에 관한 것들이 많습니다.

삶의 여행 가운데 삶의 윤활유는 사랑인 것입니다. 우리는 사랑을 먹고 사랑을 마시고 삽니다. 사랑이 끝나는 날 우리의 삶의 여행도 끝나는 셈이지요. 사랑한다하였으나 사랑을 받아들이지 않는 경우 슬픔에 쌓이기도 하고, 사랑하고 싶으나 할 수 없을 때 큰 좌절에 빠지기도 합니다. 사랑은 삶의 여행의 원동력이 되기 때문입니다. 사랑하다가 떠나는 경우 반드시 상처를 남기고 떠나기 마련입니다. 상처를 어루만지는 또 다른 사랑이 없는 한 떠나보낸 사랑의 상처는 일생의 여행 동안 지워지지 않고 항상 마음속에 남아 있는 경우가 많습니다.

이 세상에서 가장 아름다운 것들은 눈으로 볼 수 있는 것이나 만질 수 있는 게 아닌 경우가 많습니다. 그것들은 오직 마음속에 느껴질 뿐입니다. 그러므로 사랑은 가슴속에 심는 것이고, 사랑은 가슴에 깊이 심으면 심을수록 아름다움으로 남는 것입니다.

헬렌 켈러의 스승인 설리반 선생님은 어느 날 헬렌의 손을 잡아 가슴에 대고 "사랑은 여기에 있습니다."라고 글을 썼습니다. 그리고 사랑이란 태양이 나타나기 전에, 햇살이 비추기 전에 하늘에 떠있는 구름과 같은 것이라고 얘기를 했다고 합니다.

관계의 종교인 기독교에서 사랑, 믿음, 소망 가운데 가장 으뜸이 되는 것은 사랑이라고 했습니다. 사랑은 힘이요, 사랑은 용서요, 사랑은 섬김이요, 사랑은 진실이요, 사랑은 결심이요, 사랑은 바침이요, 사랑은 믿음이요, 사랑은 소망이요, 사랑은 수용이기 때문입니다.

무엇보다 사랑에는 모조품이 있을 수 없습니다. 우리의 삶의 여행 가운데 수많은 사랑의 경험을 하지만 가장 진실된 사랑은 단 한번, 단 하나밖에 없다고 합니다. 나머지의 사랑이라 하는 만남이나 행위들은 모두 단 한번, 단 하나의 진실된 사랑의 다른 모습이거나 가짜 사랑일 수 있는 짝퉁사랑일 뿐이라고 합니다.

그러므로 사랑은 자기를 낮추는 것이요, 자기를 지우는 것이요, 자기를 깨우는 것이기도 합니다. 그러나 사랑에는 지울 수 있는 '사랑의 지우개'란 있을 수 없습니다. 사랑은 벽에 못을 박듯 마음속에 심는 것입니다. 못을 빼면 상처의 흔적이 남고 사랑도 심었다가 빼어 가면 벽에 못자국이 남듯 마음에 상처의 자국을 남기는 것입니다. 그래서 함부로 사랑을 팔지도, 사랑을 사지도 않는 삶의 여행이 되어야 합니다. 사랑은 주어질 때 사랑이고 함께 할 때 사랑인 것입니다.

사랑의 순례자가 되지 마십시오. 사랑은 나비처럼 이 꽃, 저 꽃의 향기를 찾아 꽃밭을 나는 일이 아닙니다. 봄바람처럼 가슴을 설레게 하는 사랑 바람도 아닙니다. 사랑은 가슴 깊이 심어놓은 영혼의 호흡과 같은 것입니다.

# 반려자와 함께 하는 여행

사랑을 실천함으로 드러나게 되는 것이 반려자 만나기입니다. 반려자는 사랑의 가장 값진 표적입니다. 그리고 섬김과 나눔과 용서와 이해와 수용을 하는 상대입니다.

눈이 보이지 않았던 강영우 박사는 아내에게 "나의 지팡이가 되어 준 당신, 사랑합니다."라고 말하면서 '석은옥'으로 아내의 이름을 새로 지어주었습니다. 그리고 당신이 있었기에 모든 것이 가능했고 고마웠다고 얘기했습니다. 그리고 "헬렌 켈러는 세 가지 장애를 가졌지만 나는 한 가지 장애밖에 없습니다." 라고 말하면서 사랑한다고 반복했다고 합니다.

루즈벨트 대통령이 39세 때 소아마비로 7년간 재활치료를 받았을 때 아내인 엘러너 여사가 용기를 주면서 이렇게 말했다고 합니다. "그 동안 당신의 멀쩡한 다리만 사랑한 줄 아세요? 사랑한 것은 바로 당신 그 자체에요."라고 말할 때 루즈벨트 대통령은 큰 용기를 얻었다고 합니다.

반려자는 자기의 절반의 분신입니다. 반려자는 오랜 기간 기다려온 자기 마음의 첫 이성 손님입니다. 따라서 가장 귀하고 가장 아름다운 모습으로 맞이해야 합니다.

삶의 여행 가운데 홀로하는 여행이 많지만 성장하여 성인이 되면 반려자와 함께하는 여행이 기다립니다. 아내와 함께하는 여행, 혹은 남편과 함께하는 여행인 것이지요. 결혼하는 대상은 하늘에서 정해준다고 합니다. 많은 사람 가운데 우연처럼 보이지만 꼭 만나 삶의 여행을 해야하는 필연이 있는 것입니다. 남이 보기에는 서로 어울리지 않는 것처럼 보이고 심지어는 어느 한 쪽이 너무 부족하거나 기울어서 염려할 정도처럼 보이지만 그들의 만남에는 숙명적인 이유가 있습니다. 결혼하여 반려자와 함께하는 여행은 홀로하는 여행보다 훨씬 쉬울 수도 있고 더 복잡하고 아플 수도 있습니다. 아내가 어떤 아내이냐에 따라서, 남편이 어떤 남편이냐에 따라서 함께하는 여행의 내용과 느낌이 달라지게 됩니다.

흔히 아름다운 아내의 조건으로 제시되는 여러 가지 것들이 있지만 그 어느 것 하나 정답이 될 수는 없습니다. 사람에 따라 이성을 보는 눈과 판단기준, 만나게 되는 동기가 다르기 때문입니다. 아름다운 남편의 조건도 마찬가지입니다. 세상의 기준으로는 장래가 촉망되는 상대, 재정적으로 능력이 있는 상대, 전문성을 가지거나 안정된 직장을 가진 상대, 외모가 잘 생기거나 특출한 상대, 학력수준이 높고 가정배경이 좋은 상대를 가장 바람직한 결혼상대로 생각하기 쉽습니다. 그러나 이러한 것들은 필요하긴 하지만, 진정으로 행복한 결혼생활에 절대적으로 필요한 것은 아닙니다. 진정 필요한 것은 상대를 배려하고 아낄 수 있는 착한 마음가짐, 사랑이 무엇인지를 알고 실천하는 사랑하는 마음가짐, 반려자를 진정으로 사랑하는 열정, 상대의 약점과 부족함을 부족함으로 보지않고, 있는 그대로 수용하고 받아들이는 자세를 가진 사람 등이 우리가 중요시하고 선호하는 세상의 반려자 선택의 잣대보다 훨씬 중요한 잣대입니다. 아내와 함께하는 아름다운 여행이 되기 위해서는 몇 가지 중요한 사실을 기억할 필요가 있습니다.

- 상대를 배려하려 하십시오.
- 상대를 있는 그대로 받아들이십시오.
- 상대를 아름답게 볼 수 있는 아름다운 눈을 가지십시오.
- 상대를 용서하고 불쌍히 여기는 측은한 마음을 가지십시오.
- 상대를 섬김의 대상으로 여기십시오.
- 상대를 동반자로 삶의 여행을 하는 대상으로 여기십시오.
- 사랑은 사랑을 낳고 미움은 미움을 낳는다는 생각을 가지십시오.

- 사람은 누구든 큰 차이가 없다는 생각을 가지십시오.
- 사랑은 책임이 따른다는 것을 항상 명심하십시오.
- 죽도록 사랑하려는 용기를 가지십시오.
- 사랑은 받는게 아니라 주는 것이라는 생각을 잊지 마십시오.
- 가장 어려울 때 당신 곁에 반려자가 있다는 것을 잊지 마십시오.
- 사랑은 참고 견디고 느끼는 것이라는 것을 잊지 마십시오.

아내와 남편과 함께하는 삶의 여행은 결혼이라고 하는 거듭남의 생애전환기를 통해 더 아름다워 질 수 있습니다. 제가 주례를 할 경우가 있는데 항상 하는 말 중에 하나는 사랑은 가식이 아니라는 것입니다. 사랑은 어린아이처럼 순수한 마음으로 아낌없이, 조건없이 주어야 한다는 것입니다. 그러기 위해서는 사랑의 눈과, 사랑의 귀와, 사랑의 입을 가져야 된다는 것입니다. 이렇게 될 때 '사랑의 오감'을 갖게 되는 것입니다. 반려자를 남과 비교하지 마십시오. 차별하지도 마십시오. 약점만을 보지도 마십시오. 사람은 누구에게나 흠뻑 사랑받을 수 있는 부분이 많습니다. 그리고 모든 사람이 다 다르듯 사랑 또한 다 다를 수밖에 없습니다. 비교하여 차이를 발견하려 하지 마십시오. 설령 차이를 발견하여도 그 차이가 차별이 되어서는 안됩니다. 누구에게나 사랑을 받을 권리가 있고 이 세상에 태어날 때 사랑받기 위해 태어났기 때문입니다. 아내와 남편과 함께하는 삶의 여행은 사랑의 여행이 되어야 합니다. 사랑의 비를 맞고, 사랑의 낙엽을 밟고, 사랑의 눈을 밟고, 사랑의 꽃향기를 맡는 사랑의 여행인 것입니다.

아내와 남편과 함께하는 여행은 죽음이 이들을 갈라놓을 때까지 지속되어야 하는 삶의 긴 여행입니다. 우리들에게 많은 느낌을 주었던 〈타이타닉〉이라는 영화에서 마지막을 보내는 삶의 모습들을 그리고 있는데 노부부가 꼭 껴안고 함께 떠나는 모습 속에서 아내와 남편과 함께하는 여행이 어찌 되어야 하는지를 보여주고 있습니다. 또 여주인공인 로즈를 살리고 얼음물 속에서 저체온으로 죽어가는 그녀의 젊은 애인 잭의 모습에서도 남과 여의 사랑의 모습을 읽을 수도 있습니다. 아내와 남편과 함께하는 여행은 이렇듯 목숨과 바꿀 수 있는 여행이어야 됩니다. 그러므로 조건없는 사랑의 여행이 되어야 합니다.

많은 작품 속에서도 자신의 모든 것을 바쳐 사랑하는 사람을 사랑하는 경우를 볼 수 있습니다. 《젊은 베르테르의 슬픔》에서는 자신의 목숨을 바쳐 영원한 사랑을 간직한 경우도 있었고, 비제의 가극 〈카르멘〉에서 치명적인 사랑을 그리고 있는데 카르멘의 투우사와의 사랑의 비극에서도 상대편을 죽임으로써 사랑을 목숨과 바꾼 경우도 있습니다. 영화 〈닥터지바고〉에서도 모스크바에서 전차를 타고 가다가 우연히 나타샤를 발견하고 나타샤를 못 잊어 쫓아가다가 길가에서 심장마비로 죽어가면서 나타샤의 이름을 부르던 지바고의 모습을 볼 수 있습니다. 이렇듯 사랑은 자기를 포기함으로써 완전히 얻을 수 있고 함께하지 못하고 마음속에 소유하지 않음으로써 소유할 수 있는 것입니다.

# 신앙으로 꿈꾸는 여행

기도하는 삶이 가치 있는 것은 잘 알려진 사실입니다. 《하나님과 꿈꾸기》를 쓴 미국북가좌 벧엘교회 빌 존슨 목사는 은혜의 삶을 몸소 보임으로써 주님의 기쁨을 발견하는 삶이 아름다운 삶이라고 했습니다. 기도하는 삶이 바로 가치 있는 삶이요, 하나님과 동행하며 사는 삶이라고 했습니다.

카일 아이들먼이 쓴 책인 《Not a fan》에서 하나님을 믿는 사람들에게 몇 가지 질문을 하고 있습니다. 첫째는 우리가 예수님의 팬인지 제자인지를 묻고 있습니다. 오늘날 많은 사람들이 예수님의 이적과 예수님의 언약과 부활, 병 고침에 대해 스타에 매료된 것처럼 예수님께 매료되어 있지만 정작 예수님의 가르침대로 행하고, 순종하고, 실천하는 제자인지를 묻고 있습니다.

두 번째로 말뿐인가 행동인가를 묻고 있습니다. 성경은 하나님의 말씀입니다. 말씀대로 행하지 않으면 말뿐인 것이 되는 것입니다. 성경에 쓰여진 대로 말씀에 순종하고 말씀대로 따르면 기적이 일어나고 변화가 일어날 수 있지만 말에 그치면 행동이 없는, 겉모습만 신앙인이 되기 쉽습니다.

세 번째는 지식인가 친밀함인가를 묻고 있습니다. 성경 속에 쓰여진 하나님의 말씀은 곧 약속이고 사실이요, 능력이요, 참됨입니다. 이것을 지식처럼 필요할 때만 활용하고 하나님을 만날 때 영접하고 교류하는 친밀함을 느끼지 못한다면 잘못된  믿음이 될 수 있습니다.

## 믿음과 함께하는 삶의 여행

삶의 여행 가운데 어려움에 직면했을 때, 우리를 영적으로 구원하고 삶을 회복해 주는 것은 믿음입니다. 믿음과 함께하는 삶의 여행은 어떠한 여행보다 값진 여행입니다.

마틴 루터 킹 목사는 미국의 흑인 해방 운동가입니다. 비폭력주의를 바탕으로 흑인 차별 철폐를 위해 힘썼으며, 1964년에 노벨평화상을 받았습니다. 그는 어릴 때부터 몸소 흑인으로서의 차별을 겪어왔습니다. 이러한 킹 목사의 경험은 "나에게는 꿈이 있습니다.(I have a dream.)"라는 유명한 워싱턴 광장의 연설로 이어졌습니다. 그 연설의 한 구절처럼 주인의 자손과 노예의 자손이 한 테이블에 앉을 수 있도록 화해를 바랐고, 그런 사회를 만들고자 노력했습니다.

마틴 루터 킹 목사가 자유와 평등의 미국을 구현하고자 하는 평화운동을 하는 동안에 그는 많은 위협과 협박 속에 시달렸습니다. 그럼에도 불구하고 많은 흑인들이 대거 행진을 하였고, 나중에는 인권운동을 하는 백인들까지 이 운동에 합세하였다고 합니다. 현재 미국에서 개인의 이름으로 된 국경일은 유일하게 마틴 루터 킹 목사의 국경일일 정도로 그는 미국에서 흑인과 백인 간의, 인종 간의 분쟁과 갈등을 해소하고 평등을 구현하게 한 대표적인 흑인 해방 운동가였고, 그의 꿈대로 최초의 흑인 대통령인 오바마가 탄생하게 된 것입니다.

아름다운 빈손 한경직 목사는 1927년 26세에 프리스턴 대학 재학시절 폐병이 깊어 각혈을 하고 죽음이 임박한 생사의 기로에서 "생명을 연장하여 주시기를" 간절히 기도했습니다. 그때부터 그는 "오늘이 나의 마지막 날이라면"이라는 말씀을 좌우명을 삼고 사셨습니다. 하루하루 살아 있다는 것을 감사하며 최선을 다해 사셨습니다. 한경직 목사는 2000년 97세에 소천하셨습니다. 그때까지 우리나라 기독교계의 청빈한 목회자로서 많은 도전적 삶을 살아왔고, 영적 지도자로서 부족함이 없이 검소하고 섬기는 삶을 살아온 분입니다. 많은 사회복지와 복음전파 및 남북화해에 기여한 일련의 활동을 인정받아 한경직 목사는 1992년 영국 런던 버킹엄

궁에서 종교계의 노벨상인 템플턴상을 수상했습니다. 이토록 한경직 목사는 하나님의 사자로서 부족함이 없도록 믿음과 함께하는 삶의 여행을 한 것입니다. 그 삶의 여행은 믿음에 의해 믿음을 위한 믿음의 삶이었던 것입니다.

2014년 한국을 방문한 프란치스코 교황은 아르헨티나 부에노스아이레스에서 1936년 철도 노동자의 자녀로 태어나 대학에서 화공학을 전공하다 사제직을 선택하시고 1973년 종신서원을 했다고 합니다. 높은 직위의 성직자임에도 불구하고 프란치스코 교황은 낮은 자와 함께 하는 자세와 겸손함을 잃지 않고 하나님의 사람으로 항상 한결같았다고 합니다.

프란치스코 교황이 가장 존경받는 이유는 가난하고 소외된 이들에 대한 관심이 누구보다 크다는 것이었습니다. 대부분 꺼려하는 에이즈 환자들이 있는 곳을 방문해 그들의 발을 씻겨주고 발에 입까지 맞추셨습니다. 또한 마약 중독자, 암 말기 환자들을 꾸준히 찾아가 위로했으며 정말 위험하다고 소문난 빈민가에 찾아가 가난하고 거친 이들과 함께 차를 마시고 그들의 이야기를 들어주었습니다. 이처럼 낮은 자, 가난한 자, 그늘에 있는 자, 아픈 자, 고통 속에 있는 자들을 위로하고 하나님의 성자로서 낮은대로 임했습니다. 프란치스코 교황의 믿음과 함께하는 삶의 여행은 그래서 위대하고 값진 것입니다.

우리나라의 김수환 추기경도 프란치스코 교황처럼 언제나 약

자편에 서고 겸손하게 섬기는 자세로 믿음의 삶의 여행을 한 분입니다. 서울대교구장 취임의 자리에서 그는 "교회의 높은 담을 헐고 사회 속에 교회를 심어야 한다."라고 말함으로써 교회쇄신과 현실참여의 원칙을 분명히 했습니다. 또한 교회는 가난하고 힘없는 사람들을 위해 종교적인 양심으로 그들의 입장을 대변해야 할 것이라고 주장했으며, 교회는 정치적 · 사회적인 권력보다 인간 존엄성의 가치를 근본적인 신념으로 삼아 사회와 인류 안에서 빛의 역할을 수행해야 한다는 삶 속의 카톨릭교를 강조했습니다. 교회는 절대로 불의와 부정과 타협하는 교회 공동체가 아닌 인간 모두가 순수한 양심에 따라 내면의 회심으로써 사회정의를 실현해야 할 것을 주장했습니다. 김수환 추기경의 이러한 삶은 불의와 정의와 타협하지않고 오직 믿음 속에서 참다운 사회를 구현하고자 하는 믿음의 여행이라 볼 수 있습니다.

### 절대자와 함께하는 삶의 여행

우리 삶 가운데 종교 지도자들 또한 위대한 삶의 도전자들입니다. 수많은 종교가 있지만 이들이 믿고 추종하는 절대자에 대한 숭상은 나약한 인간의 모습을 극복하기 위한 노력이라 볼 수 있습니다. 그 중에서도 소위 4대 종교라 할 수 있는 기독교, 불교, 이슬람교, 유교 등을 믿는 사람들은 절대자와 함께 하는 삶의 여행을 택한 사람들입니다.

석가모니는 소위 성득(成得) 즉, 도를 터득한 다음에 보리수 아래에서 5주간 해탈의 기쁨에 잠겨 있다가 45년의 긴 세월동안 설법을 계속하며 불교를 전파시킨 분입니다. 80세의 고령에 이르러 “자신을 등불로 삼고 자신을 귀의처로 하라. 법을 등불로 삼고 법을 귀의처로 하여 수행하라.” “슬퍼하지 말아라. 내가 언제나 말하지 않았느냐. 사랑하는 모든 것은 곧 헤어지지 않으면 아니 되느니라.” “제행은 필히 멸하여 없어지는 무상법(無常法)이니라. 그대들은 중단없이 정진하여라. 이것이 나의 마지막 말이니라.”라고 하며 세상을 떠났다고 합니다.

불교에서 추구하는 삶은 “모든 것은 자기 자신에게 의존하게 하며, 남에게 의존하지 말며, 스스로를 빛나게 하고 진리를 빛으로 삼아야 한다. 살아있는 모든 것은 반드시 죽는다. 부지런히 노력하여 진리를 깨닫도록 해야 한다.” “마음 속의 행복이 진정한 행복이다.” 라는 가르침을 통해 생명을 존중하고 이웃을 사랑하며 자연과 인간을 공존한다는 생각을 가지고 자연을 사랑하라고 가르치고 있습니다. 이와 함께 인연과 생명존중을 강조하는 연기설과 윤회설 등을 소개하고 있습니다.

이렇듯 절대자와 함께 하는 삶의 여행을 택하는 사람들은 절대자의 진리를 통해 삶을 규율하고, 삶의 가치를 부여하고, 행동과 생각을 절대자의 가르침대로 하는 삶의 여행을 택합니다.

기독교는 온 만물을 창조하신 절대자인 하나님의 진리의 말씀을 통해 삶을 살아가려는 주님과 함께하는 삶의 여행입니다. 요한 1서 4장에 쓰인바 대로 "하나님은 사랑이시니라." 그리고 온 만물은 하나님께서 창조하시고, 하나님께서 관장하시고, 하나님께서 독생자 예수를 통해 그가 십자가에 못 박혀 죽음으로써 우리 죄를 사하여 주신다는 진리를 중심으로 하고 있습니다. 예수를 믿고 예수를 영접하는 모든 사람에게 영생을 허락하신다는 진리의 말씀에 따라 행하고 생각하고 삶을 살아가는 절대자와 함께 하는 여행자들인 것입니다.

기독교에서 중요시하는 사랑, 소망, 믿음 가운데 사랑이 으뜸이듯이 기독교에서는 사랑이 핵심이요, 예수의 부활과, 십자가의 죄사함과, 이웃을 사랑함과, 하나님을 의지하며 사는 순종함이 기본이 되는 절대자와 함께 하는 삶인 것입니다.

특히 율법에 구속되고 율법에 얽매이는 '시내산으로 가는 성도'의 모습이 아니라, 하나님께 순종하고 하나님 뜻에 따라 온전히 자기 십자가를 지고 삶을 살아가는 '갈보리산으로 가는 성도'의 모습을 추구하는 삶의 여행인 것입니다.

절대자와 함께 하는 삶의 여행은 자기를 내려놓고, 자기를 부정하고 절대자의 진리에 순종하는 삶을 사는 것을 의미합니다. 자기를 올려놓고, 자기를 인정하고, 절대자를 부정하며 교리와 진리에 불순종하는 삶을 사는 것은 절대자와 함께 하는 삶의 여행과 반대되는 삶인 것입니다. 특히 자기가 사는 것처럼 자기가 결정하고, 자기 능력을 믿고, 자기 우선주의로 살 때 우리의 삶은 자기 책임하에 있는 것처럼 보이지만 우리의 삶은 우리 것이 아니고 잠시 빌려 온 삶이라는 것을 늘 잊어서는 안됩니다.

절대자와 함께 하는 삶은 삶의 여행 가운데 가장 중요한 삶의 여행입니다. 어디에서 와서 어디로 가며 무엇을 하며 무엇을 위해 사는 것인지를 깨닫는 삶이기 때문입니다.

기독교에서는 무엇을 먹을까, 무엇을 입을까 걱정하지 말라고 했습니다. 절대자 하나님께서 이를 채워주시고 책임지신다고 하기 때문입니다. 그러므로 절대자에 순종하는 삶은 한 순간도 자기 마음대로, 헛되이 보내는 삶이 되어서는 않되며 늘 감사하고 겸손하게 순종하는 삶이 되어야 합니다.

# 스승과 동행하는 여행

스승은 학문적 스승, 삶의 스승, 마음의 스승이 있습니다. 스승은 마음을 기르는 사람이고, 마음의 밭에 씨를 뿌리는 사람이고, 마음을 울리게 하는 사람입니다. 스승은 학교에서 가르치는 분만이 아닙니다. 어머니, 아버지 그리고 마음의 울림을 주는 사람들은 모두 스승이라고 할 수 있습니다. 스승과 동행하기 위해서는 사랑의 눈과 사랑의 귀와 사랑의 입을 가져야 합니다. 훌륭한 스승은 상처를 안고 있는 제자들에게 상처가 오히려 빛나는 별이 되도록 해야 합니다. 그리고 꿈을 키워주는 사람이 되어야 합니다.

설리반 선생님은 48년 동안 헬렌 켈러를 위대한 사람으로 만들었습니다. 이처럼 헌신과 섬김과 사랑을 나누는 관계가 스승과 동행하는 관계입니다. "다른 사람의 필요를 자기 자신의 필요만큼 소중하게 여기기 시작할 때 사랑은 시작됩니다." 라고 설리반 선생님이 말씀하셨는데 이러한 자세는 제자나 스승이나 마찬가지로 함께 가져야 할 자세입니다.

중국의 한유는 자가 한퇴지인데, 한퇴지 선생님은 스승은 세 가지 기본적인 역할을 한다고 말합니다. 첫째는 인간으로서 올바르게 사는 길을 가르치는 일이오, 둘째는 지식과 학문을 가르치는 일이오, 셋째는 삶을 살면서 의문이 생기고 고민이 있을 때 이것을 해결하는 일을 하는 것이라고 설명합니다. 이처럼 스승은 우리의 삶에서 삶을 올바르게 살도록 가르치고, 모르는 것을 깨우쳐주고, 해결하지 못한 문제를 지혜로 해결하게 합니다. 그러나 요즘은 지식은 있으나 지혜가 없고, 성장은 하였으나 성숙이 없고, 말을 하였으나 듣지를 못하는 사회이기도 합니다. 이러한 환경 속에서 자기밖에 모르는 이들이 진정 스승을 만나 스승과 함께하는 삶의 여행이 된다면 지혜와 성숙과 경청이 함께하는 삶이 될 것입니다.

# 부모와 함께 하는 여행

유튜브(U-Tube)에 부모와 자식관계를 잘 묘사한 동영상이 화제가 된 적이 있습니다. 아들이 부모에게 자기가 심부름한 것들을 다 열거하며 돈으로 환산해서 달라고 했습니다. 예를 들어 쓰레기 버린 것에 대한 대가로 3,000원, 바닥 청소한 것 5,000원, 가게 심부름 다녀온 것 2,000원 등으로 자기가 부모를 도와준 것들을 모두 돈으로 환산해서 요구를 했습니다. 이 때 어머니가 "네가 아팠을 때 밤새 열을 내리기 위해서 밤잠을 자지 않고 간호한 것 무료, 네가 배고프다 했을 때 언제나 맛있는 음식으로 먹여준 것 무료, 네가 추위에 떨까 봐 좋은 양털 잠바를 사준 것 무료, 네가 먼 여행을 떠난다고 해서 모든 것을 다 마련해주고 노잣돈을 준 것 무료" 라고 대답을 했다고 합니다. 이토록 부모의 사랑은 끝이 없지만 자식은 부모를 보상의 대상으로 생각하는 경우도 있습니다. 부모와 함께 여행하는 것은 대가 없는, 마음과 마음이 부딪치는 여행입니다. 조건 없는 여행입니다.

부모와 함께 하는 여행은 나와 그것 간의 관계가 아니라 나와 너의 관계가 되어 우리의 관계가 되는 여행이어야 합니다.

다른 관계의 심리학자인 에릭프롬은 그의 저서《The art of loving》에서 나와 너의 인격적 만남을 중요시하고 있습니다. 또한 관계의 사회심리철학자인 독일의 마틴 부버도 그의 저서《Ich und Du》에서 인간의 만남은 '나'와 '그것'간의 만남이 아니라 '나'와 '너'의 관계인 인격과 인격의 만남이 되어 '우리'가 될 때 아름다운 관계로 승화할 수 있다고 말했습니다. 심리학자 앤토니 헤리스는《I'm ok You are ok》라는 책에서 모두가 함께 좋은, '너도 좋고 나도 좋은 관계'가 바람직하다고 설명합니다.

부모와 함께하는 여행은 바로 이러한 여행의 관계가 되어야 합니다. 부모는 자신의 절반이기 때문입니다. 부모를 조건없이 사랑하십시오. 떠난 부모에게는 사랑하려해도 사랑할 수 없습니다. 부모가 어떤 모습, 어떤 형편, 어떤 처지에 있을지라도 부모는 나를 낳아준 분이고 내 생애에서 결코 지울 수 없는 대상입니다.

# 자연과 함께하는 여행

우리 인간은 자연의 한 부분입니다. 삶 속에서 자연과의 교류를 통해서 살 수 밖에 없는 한 부분입니다. 자연은 매우 정직합니다. 거짓도 없고 꾸밈도 없고 속임도 없습니다. 있는 그대로 우리와 함께 합니다. 짓밟아도 밟히고, 허물어도 허물어지고, 버려도 버려지고, 잘라내도 잘리는 말없는 이웃입니다. 이러한 자연과 함께 하는 여행은 인간에게 매우 중요한 여행의 하나입니다.

자연을 사랑하는 마음을 가져야 합니다. 자연과 더불어 함께하는 삶이여야 합니다. 나무는 천 년을 넘게 사는 경우도 있고 수백 년씩 사는 경우도 있습니다. 이들은 우리의 삶에 가장 중요한 스승이 되기도 합니다. 자연을 섬길 수 있어야 되고, 자연을 있는 그대로 받아들일 수 있어야 되고, 자연 속에 자기를 맡기기도 해야 합니다.

어느 교회의 성도의 묘에는 그 교회를 다니던 사람이 이 세상을 떠나게 되면 화장을 한 후 성도의 묘라는 곳에 뿌려지게 됩니다. 거기에 이러한 성경 구절이 있습니다. '너는 흙이니 흙으로 돌아가리라.' 우리는 흙에서 와서 흙으로 돌아가게 됩니다. 자연에서 와서 자연으로 돌아가는 것이지요. 숲과 강과 산과 바다와 심지어 구름과 비와 바람과 눈보라마저도 사랑하며 겸손을 삶의 동반자로 여길 때 우리의 삶은 자연 속에 자연스러운 삶이 될 것입니다.

청소년 시기에는 바다를 좋아하는 경향이 있지만 나이가 들어가면 산을 좋아한다고 합니다. 산행을 즐기는 연령층은 50~60대의 중년층이라고 합니다. 산을 찾는 이유는 '건강을 위해서' '자기를 다시 찾기 위해서' '성취감을 얻기 위해서' 라고 합니다. 산을 찾는 이들에게 왜 산을 찾느냐고 물으니 '산이 거기 있기 때문에' 라는 대답을 했다고 합니다. 자연은 말없이 우리를 안아주고 기다려주고 친구가 되어주기 때문입니다.

## 환경을 사랑하는 삶의 여행

우리의 삶은 자연과 함께하는 삶입니다. 자연을 정복하려해서도 안되고 자연을 지배하려해서도 안됩니다. 자연은 있는 그대로 우리 삶의 동반자가 되어야 합니다. 자연은 언제나 우리 곁에 있으며 우리의 삶의 동반자이기도 합니다. 그리고 자연은 거짓없는 정직한 동반자입니다. 무엇보다 자연은 우리에게 주기만 하지 받는 것이 거의 없습니다.

우리의 삶 가운데 환경을 사랑하며 환경을 위해 삶의 여행을 하는 사람들이 많습니다. 환경운동가이자 아프리카 여성 최초의 노벨평화상 수상자 왕가리 마타이는 '나무 심기 그린벨트 운동'을 전개해 케냐 국민 대다수의 참여를 이끌어 낸 분입니다. 환경 보호와 국민 생활 향상을 동시에 성공시키며, 아프리카에 새로운 희망을 선사한 인물입니다. 이권에 눈이 먼 독재 정권에 항거해 숲이 얼마나 소중한 존재인지 알리고, 숲을 보호하기 위해 평생을 싸웠던 분입니다.

1977년 여성이 주축이 된 환경보호활동인 그린벨트운동을 창설하여 2011년까지 4,000여 만 그루의 나무를 아프리카 각 지역에 심었습니다. 그 후 그린벨트운동은 남벌과 빈곤, 무지에 대항하는 성공적인 사회운동으로 성장했으며, 이 공로로 왕가리 마타이는 2004년 노벨평화상을 받았습니다. 그녀의 삶은 자연을 사랑하는 삶이었고, 자연은 그녀의 노력을 산소와 아름다운 그늘과 목재와 쉼터로 보답했습니다.

환경을 사랑하는 삶의 여행의 다른 예는 한국계 이민 2세인 대니 서(서지윤)의 친환경 활동에서 찾아 볼 수 있습니다. 한국계 이민 2세인 대니 서는 미국에서 가장 유명한 환경운동가이자 친환경 생활전문가입니다. 불과 12세의 나이에 환경운동가로 나선 그는

1995년 사회봉사자에게 주는 알버트 슈바이처 인간존엄상을 받았고, 1998년 미국잡지 〈피플〉이 선정한 '세계에서 가장 아름다운 사람 50인'에 이름을 올렸으며, 1999년 워싱턴 포스트지는 그를 '지구상에서 가장 경이로운 청년'이라고 극찬하며 특집기사를 내보냈었습니다.

그는 11살 때 치킨버거를 먹으며 TV를 보던 중 닭과 돼지가 도살당하는 장면을 보고 충격을 받아 채식주의자가 됐고, 1989년 12번째 생일날 친구 7명과 함께 단 돈 23달러를 가지고 '지구 2000'이라는 청소년 환경단체를 만들었습니다. 또한 그는 마을 숲 개발을 막는 캠페인을 시작으로 모피 반대운동, 고래잡이 반대운동, 초 · 중등학교 해부실험 거부운동 등을 벌이면서 지지자를 모아 '지구 2000'을 회원 2만 6천명의 미국 최대 청소년 환경단체로 성장시켰습니다. 그는 지금도 환경을 사랑하는 삶의 여행을 계속하고 있습니다.

미국의 부통령을 지낸 앨 고어 또한 2001년 임기를 마칠 때까지 환경문제 해결을 위해 많은 노력을 기울인 인물입니다. 1992년에 《균형 잡힌 지구: 지구적인 환경의 개선》이라는 책을 출판하면서 부통령 퇴임 이후에 세계 각지를 돌며 지금까지 1,000여 차례에 걸쳐 지구 온난화의 심각성을 알리는 슬라이드 쇼를 열며 더욱 적극적으로 환경운동가로서 활발한 활동을 펼쳐왔습니다.

앨 고어는 2009년 우리나라를 방문하기도 했으며 2006년 출판한《불편한 진실》은 엄청난 화제를 몰고 왔습니다. 이 책은 환경 오염의 심각성을 대중에게 깨닫게 했습니다.《불편한 진실》은 기후 변화와 지구 온난화에 대한 가장 정확하고 위협적인 진실을 인류가 사실로 받아들이면 우리는 기존 생활방식을 모두 바꿔야 하는 불편이 있지만, 이제 더는 왜곡해서도, 외면해서도 안 되는 진실임을 강조하고 있는 내용입니다. 그는 이 공로를 인정받아 2007년 영광의 노벨평화상 수상자로 선정되었습니다. 앨 고어의 환경 생명운동은 지금도 지속되고 있으며 그의 삶 동안 자연을 사랑하는 삶의 여행으로 이어지고 있습니다.

# 죽음과 함께 하는 여행

우리 삶의 여행은 언젠가 끝이 납니다. 그 끝은 누구나 숙명처럼 받아들여야 하는 죽음 때문입니다. 생애 발달 심리학자들은 죽음에 관한 많은 연구를 하기도 하고 신학자들 또한 죽음의 의미와 사후 영생에 관해 많은 연구를 합니다. 그러나 이 세상을 사는 우리들의 경우는 죽음이 저 멀리 있는 것처럼 외면하고 사는 경우가 많습니다.

죽음과 함께 하는 삶의 여행은 그렇지 않은 여행보다 훨씬 값지고 의미있으며 보람된 삶을 사는 경우가 많습니다. 죽음이 동전의 양면처럼 항상 삶과 함께 하고 있다는 것을 생각하며 살 때, 함부로 살 수도 없을 뿐만 아니라 언제나 부끄럽지 않고, 죄짓지 않으며, 자기욕심 부리지 않는 삶을 사는 경우가 많기 때문입니다. 죽음을 가까이하며 함께 하는 삶을 보내야 합니다.

외국의 경우를 보면 마을 한 가운데와 집 가까이에 무덤이 있는 것을 볼 수 있습니다. 그러나 우리들의 경우는 죽은 다음에 멀리 떨어진 산에 있는 묘에 안장하거나 화장하여 납골당에 안치하는 경우가 많습니다. 죽음을 멀리하고 죽음은 이 세상의 삶과 동떨어진 것으로 여기기 때문입니다. 그러나 죽음은 언제나 삶의 한 가운데 함께 하고 있다는 것을 생각하고 삶의 여행을 해야 합니다. 죽음의 단계를 보면 분노하고, 부정하고, 수용하고, 우울해지고, 받아들이는 단계를 거친다고 합니다. 이 단계 중에서 수용하고 받아들이는 단계를 늘 안고 산다면 죽음과 함께 하는 삶의 여행이 될 것입니다.

우리 국민들의 사랑과 존경을 받았던 김수환 추기경의 묘비에는 성경의 시편의 한 구절인 "나는 아쉬울 것 없노라."라고 적혀있다고 합니다. 예언가인 노스트라다무스의 묘비에는 "후세 사람들이여. 나의 휴식을 방해하지 마시오."라고 쓰여있다고 합니다. 또한 작가 헤밍웨이의 묘비에는 "일어나지 못해서 미안하네."라고 쓰여있다고 합니다. 이처럼 죽음과 함께 사는 삶의 의미는 사람에 따라 다를 수 있습니다. 그러나 죽음 뒤의 삶에 대한 것은 분명히 두 길로 갈라 질 수 있다는 것 또한 다릅니다.

이처럼 사람에 따라 완전히 이 세상을 정리하는 사람, 이 세상에 미련을 가진 사람, 사후에 삶을 그리워하는 사람으로 나누어지면서 죽음과 함께하는 여행은 다른 모습이 되기도 합니다.

그러나 죽음은 준비하는 삶의 과제가 아니라 항상 삶과 죽음이 동전의 양면처럼 느껴지는, 자연스럽게 동행하는 여행이 되어야 합니다.

한스할터가 쓴《유언》이라는 책을 보면 지난 3,000년간 역사를 움직인 157인을 포함하여 400개 이상의 마지막 한 마디를 기록하고 있습니다. 한스할터는 죽음은 그 나팔을 미리 불지 않는다고 말하면서 죽음 또한 인생이라고 말합니다.

넬슨 만델라는 이렇게 말했다고 합니다. "죽음은 피할 수 없습니다. 국민과 조국을 위해 마땅히 해야 한다고 스스로 생각한 일들을 끝마친 사람이라면 편히 영면할 수 있습니다. 그렇기에 나는 영원의 시간 속에 잠들 것입니다." 이렇듯 죽음은 우리 모두에게 피할 수 없는 삶의 한 과정이지만, 죽음을 맞이하기 전에 어떻게 살고, 누구를 위해 살고, 무엇을 했는지가 중요한 것입니다. 특히 죽음은 끝이 아니라는 사실입니다. 죽음은 또 다른 여행으로의 시작이라는 것입니다. 죽음과 함께하는 여행은 삶의 새로운 도전이자 과제이기도 합니다.

# 머리와 가슴으로 하는 여행

이 세상에서 가장 가까우면서도 가장 먼 여행은 머리에서 가슴으로 하는 여행입니다. 생각은 있으나 마음이 따르지 않을 때 그것은 이미 사랑이 아니고, 용서도 아니며, 섬김도 아니고, 아름다움도 아닙니다. 반대로 가슴은 뜨거우나 머리가 차가우면 이 또한 아름다운 삶의 여행이 될 수 없습니다. 머리에서 가슴까지는 20여 cm밖에 되지 않지만 머리와 가슴이 따로 놀게 되면 갈 수 없는 먼 여행이 되기 때문입니다. 가슴에서 머리로 가는 것도 그렇고 머리에서 가슴으로 가는 것도 그렇습니다.

가슴만 뜨겁고 머리가 차가우면 혈기 때문에 욱하는 성격의 사람이 되어 버리고, 머리만 뜨겁고 가슴이 차가우면 너무 냉정한 사람이 될 것이고, 가슴도 뜨겁고 머리마저 뜨겁다면 주체할 수 없이 행동하는 사람이 될 것입니다. 이토록 머리에서 가슴으로 하는 여행은 가장 긴 여행 중에 하나입니다. 그러나 사랑이라는 초고속 열차를 통해 가장 가까운 여행이 될 수도 있습니다.

많은 사람들이 우리나라 교육을 걱정하는 면이 있습니다. 이는 머리에는 단편 지식을 가득 채우는 교육을 하지만 가슴을 통해 인간성을 기르는 데는 실패했기 때문이라고 생각합니다. 올바른 교육은 가슴에 남을 수 있는 사랑과 이를 이해하는 마음을 갖도록 해주며, 냉철한 이성과 판단력을 길러주는 것입니다. 행동하지 않는 교육은 교육이 아닙니다. 그래서 우리 교육은 가슴에서 머리로 가는 여행에 실패한 셈이지요.

# 자기 이름 버리기 여행

우리의 여행은 이름표를 달고 가는 여행입니다. 이름표를 떼고 가는 여행은 겉과 속, 마음과 행동이 보다 진실될 수 있습니다. 그러나 한편으로는 가치 해체적, 원색적, 아노미적 성격이 될 수도 있습니다.

우리의 삶의 여행은 자기 이름 찾기일 경우가 많습니다. 자기 이름을 높이기 위한 경우, 자기 이름을 귀하게 하기 위한 경우, 자기 이름을 알리기 위한 경우 등 온통 자기를 위한 여행일 경우가 많습니다. 이제 자기 이름 버리기 여행을 시작해야 합니다. 자기를 버리는 여행인 것이지요. 자기가 있되 자기가 없고, 자기가 없되 자기가 있는 여행이 되어야 합니다. 노천명 시인의 한 구절에 '이 저주받은 이름을 갈기갈기 찢고 싶다.'라는 표현이 있습니다. 이것은 자기 이름 버리기가 아니라 자기 이름을 찾기 위한 반어법의 표현일 수 있습니다.

진정 자기 이름을 버리면 끝내는 자기 이름을 귀하게 하고 자기를 진정으로 되찾게 되는 삶의 여행입니다. 삶의 여행에서 많은 분들을 보면 자기 이름 찾기에 열중한 삶을 살다보니 이웃과, 자연과, 올바른 것과 정의로운 것도 간과하는 경우가 있다고 합니다. 자기가 없는 여행은 자기 삶이 아니지만, 자기만 찾는 여행도 온전한 자기 삶이 될 수 없습니다.

# 그늘진 이들과 함께 하는 여행

세계 인구의 10%는 장애인들입니다. 이들은 정상인들과는 달리 신체적으로나, 정신적으로나, 지적으로나, 정서적으로나 다른 분들입니다. 이들과 함께 하는 여행을 할 때 우리는 값진 삶의 여행이 될 수 있습니다.

아인슈타인, 에디슨, 밀튼, 루즈벨트, 베토벤, 호킹스 이런 분들은 모두 장애인들입니다. 이들은 인류에게 많은 기여를 한 분들입니다. 헬렌 켈러도 대표적인 장애인의 한 분입니다. 그늘진 이들과 함께 하는 여행은 우리에게 자신을 되돌아보게 할 수 있는 여행이 될 수 있습니다.

헬렌 켈러의 말을 빌어보면 그늘진 이들과 함께 하는 의미가 무엇인지를 알 수 있습니다. "My ear, my eye, and my tongue have been taken away but my soul is still sound, that why I have everything that everybody has it."

그늘진 이들과 손을 잡고, 사랑을 나누고, 있는 그대로 받아들이는 삶의 여행은 우리에겐 가장 의미있는 삶의 여행이 될 것입니다.

특수교육을 다룬 책 중에 《내 아이를 돕도록 나를 도와주세요(Helping Me Help My Children)》라는 책이 있습니다. 그늘진 이들을 '예외적 아이들' '또 다른 잠재 가능성을 가진 아이들'로 표현하기도 하고 그들을 있는 그대로 받아들이라고 권고합니다.

보통 사람들과 다른 이들의 차이를 차별해야 하는 것이 아니라, 우리가 사랑과 이해로 이 차이를 메꾸어 주어야 합니다. 우리 모두는 다 잠재적 장애인이며 어떤 면에서는 이들보다 더 많은 마음의 장애를 가진 사람들이기 때문입니다.

# 자녀와 함께 하는 여행

우리의 삶의 여행 가운데 우리에게 가장 값진 선물 중에 하나는 자녀를 갖는 일입니다. 한 사람이 태어날 확률은 3억분의 1이라하고, 세계인구 72억 명을 감안할 때 216억 분의 1의 확률로 사람과 사람 간의 만남이 이루어진다고 할 수 있습니다. 이처럼 사람 간의 만남은 매우 가치있는 일입니다. 이 가운데 부부가 자녀를 갖게 되는 일은 큰 축복이요, 가장 값진 일 중 하나입니다.

자녀에게 늘 감사하는 마음을 가져야 합니다. 자녀와 함께 하려는 마음을 가져야 합니다. 자녀에게는 부모가, 부모에게는 자녀가 가장 값진 삶의 동반자가 되어야 합니다. 자녀에게 감사할 때 감사하는 자녀가 될 수 있고, 자녀를 사랑할 때 사랑할 줄 아는 자녀가 될 수 있습니다.

세계유엔아동협약에 의하면 자녀들은 사랑받고, 귀한 인권을 보장받고, 값지게 양육되어야 된다는 의미를 강조하고 있습니다. 부모됨의 의미도 이와 같습니다. 자녀와 함께 하는 여행은 시간과 장소와 대상을 초월하여 언제나 가장 아름다운 마음의 자세로 자녀의 양육을 위해 최선을 다해야 합니다.

삶의 여행은 결국 자녀와 함께 생사고락을 함께 하는 여행일 수밖에 없습니다. 부모가 자녀의 마음을 정화시켜주는 산소와 같은 부모가 될 때 자녀는 부모의 사랑을 가슴에 담고 일생동안 아름다운 여행을 할 수 있습니다.

부모들이 자녀들에게 해주는 축복의 말은 건강, 현명함, 고운마음, 긍정적 사고, 사랑할 줄 알고 사랑을 베풀 줄 아는 아이, 감사하는 마음 등 곱고 튼튼하고 배려하며 사랑을 아는 자녀를 기대합니다. 자녀들 또한 부모들에게 같은 모습의 부모를 원하고 있습니다.

자녀와 함께하는 여행은 사랑하고 인정하고 배려하는 사랑의 여행인 것입니다. 부모가 자녀를 섬기고 자녀가 부모를 섬길 때 속박이나 구속이 아니라 오히려 즐겁고 자유로운 삶의 여행이 되는 것입니다.

어느 부모이든 자녀에 바라는 것은 자신을 사랑할 줄 알고 남에게 따뜻한 사랑을 베풀 줄 아는 사람, 순수한 마음과 세심한 심성으로 세상과 사물을 볼 수 있는 풍요로운 사람, 누군가에게 도움이 되고 편안한 사람, 상황에 맞는 지혜로운 말을 할 수 있는 사람, 용기와 희망을 줄 수 있는 사람, 마음과 육신이 건강한 사람, 남의 부족함까지 채워 줄 수 있는 사람을 자녀 양육의 목표로 삼을 때 자녀와의 여행은 아름다운 동반 여행이 될 것입니다.

# 꿈을 가진 여행

팔다리 없는 삶 속에서 복음과 희망과 꿈을 끝없이 추구해 온 닉 부이치치는 "온 세상을 끌어안기로 결심했다."면서 넘어질 때마다 다시 일어나 섬김을 실천하는 삶을 살아왔습니다. 닉 부이치치는 작은 빌리 그래함의 닉네임을 얻으면서 팔다리가 없는 어려운 삶 속에서도 꿈을 가진 삶의 여행을 지속하고 있습니다. 닉 부이치의 허깅(Hugging)은 우리들의 삶에도 꿈을 갖게 해 줍니다.

허무한 인생으로 끝나지 않고 행복하게 사는 비법은 어떤 상황에 처할지라도, 어떤 모습으로 주어질지라도 모든 것에 감사하며 행복한 길을 찾아가는 삶이 아름다운 삶이라는 것입니다.

닉 부이치치는 지금도 골프, 드럼, 윈드서핑, 음악 등 끊임없는 도전을 통해서 기적을 만들어 가고 있습니다. 우리는 건강한 팔과 다리를 가지고 있습니다. 꿈을 가지고 부단히 노력하면 꿈은 반드시 이루어질 수 있습니다. 닉 부이치치의 예만 들었지만 정상적인 사람이든, 장애를 가진 사람이든 꿈을 실현하려는 부단한 노력을 통해 아름다운 삶을 이룰 수 있습니다. 헬렌 켈러도, 루즈벨트도, 오바마도 다 그러하였습니다. 이처럼 꿈을 가진 삶의 여행은 기적을 만드는 삶의 여행이기도 합니다.

# 위대한 여행

알버트 슈바이처는 29살 때 아프리카인들의 비참한 삶이 그려져 있는 잡지를 보고 아프리카 흑인들을 위해 일생을 바칠 생각을 했습니다. 의사도 없고, 약도 없고 생명을 잃어가는 아프리카에서 "의사이신 분은 와 주십시오."라는 선교사의 글을 보고 일생 위대한 삶을 살 각오를 한 것입니다. 닭장을 개조하여 진료실을 만들고, 죽을 때 까지 아프리카인을 위해 일생동안 봉사의 삶을 살게 된 것입니다.

1952년 노벨평화상을 받으러 오라는 노르웨이의 통보를 받고도 슈바이처는 "내가 그 상을 받으러 가면 이 사람들은 죽게 될 것입니다. 난 지금 그 상을 받으러 갈 수 없습니다."라고 말하며 상을 받으러 가는 대신 아프리카에 병든 사람들을 살리는 일을 택했습니다. 슈바이처는 "여러분 중에서 정말로 행복할 수 있는 사람은 오직 봉사를 어떻게 하고, 끊임없이 봉사하는 것을 깨달은 사람이다."라고 했습니다.

한편 테레사 수녀는 오랫동안 동남아시아, 유럽, 아프리카, 라틴 아메리카, 중동 등지에서 도움을 필요로 하는 사람들을 위해 선교회를 세우고 일생동안 가난하고 그늘에 사는 사람들을 돕는 위대한 삶의 여행을 했습니다. 노벨평화상으로 받은 상금 모두를 인도의 콜카타의 가난한 사람들을 위해 희사를 하고 1997년 하늘나라로 갈 때까지 가난한 이웃에게 봉사와 나눔의 삶을 살았습니다. 테레사 수녀는 "사랑하기에는 우리 삶이 너무 짧습니다. 하나님께서 요구하는 것은 풍부함이 아니라 비움과 겸손입니다. 침묵은 모든 진리의 시작이며 기도의 시작이기도 합니다. 타인으로부터의 모욕을 감사하고 자신의 모자람에 감사하십시오."라며 비움과 겸손, 나눔과 감사의 위대한 삶의 여행을 한 분입니다. 특히 "저희가 하는 일은 넓은 바다에 물방울 하나에 불과하지만 저희가 아니면 그 물방을 마저 영원히 사라지고 말 것입니다. 작은 사랑으로 큰 일을 할 수 있습니다."라는 말을 남기며 위대한 삶과 여행의 목표를 이야기하기도 했습니다.

국제적십자사를 창립한 앙리 뒤낭 역시 청소년기부터 환자와 가난한 사람들을 구하는데 힘쓰며 국제적십자사를 창립하는데 기여하기까지 이념과 정치, 종교, 국적을 초월하여 구호활동을 하는 삶을 산 분입니다. 그는 "도움을 필요로 하는 사람을 돕는 것 밖에 중요한 것은 아무것도 없습니다." 라고 말하며 도움을 필요로 하는 사람들을 돕는 일을 일생동안 해 온 위대한 여행을 한 분입니다. 이처럼 섬기는 삶을 택해 봉사하고 헌신하는 삶은 위대한 삶의 여행인 것입니다.

# 다름과 함께하는 여행

세계인구 72억 명 중 지문이 같은 사람이 한 사람도 없다고 합니다. 이렇듯 모든 사람은 다른 모습, 다른 생각, 다른 목표를 가지고 삶의 여행을 합니다. 모두가 다른 모습으로 다른 여행을 하는 것이지요. 세계인구 10%의 사람은 보통 사람들과 매우 다른 모습을 가지고 삶의 여행을 할 수 밖에 없다고 합니다. 우리가 말하는 장애인 또는 특수 아동들의 여행입니다.

이들은 신체적으로 보통 사람들과 다른 모습을 갖고 있거나 지적 · 정서적으로 보통 사람들과 예외적인 모습을 가지고 있는 경우가 많습니다. 이들의 여행은 어느 면에서는 참으로 힘든 삶의 여행이 될 수도 있습니다. 헬렌 켈러, 밀튼, 베토벤, 아인슈타인, 에디슨, 루즈벨트와 같은 사람들의 경우가 다름과 함께하는 여행의 모습입니다.

장애를 안고 사는 다른 모습의 사람들은 육체적 · 정신적 아픔을 안고 긴 삶의 여행을 하면서도 위대한 삶의 여행으로 바꾼 경우가 많습니다. 인간세계에서 삶의 승리자로 알려진 세계적인 피아니스트 콘스탄티니디스는 시각장애인임에도 불구하고 4개국어를 능숙하게 구사하고 세계적인 피아니스트로 주목을 받는 인물입니다. 보통 사람과 다른 모습을 한 이 피아니스트의 경우처럼 다리가 마비되어 의자에 앉아 지휘봉을 흔드는 지휘자 제프리 테이트 역시 세계에서 가장 모범적이고 훌륭한 지휘자 중 한 사람입니다. 신체적 아픔과 함께 많은 어려움을 겪으면서 음악을 포기하지 않고 오페라에 인생을 걸고 정상을 달리고 있는 분입니다. 이들처럼 보통사람과 다른 모습을 하고, 많은 신체적 · 지적 · 정서적 장애를 안고 있으면서도 다름을 위대함으로 바꾼 삶의 여행을 하고 있는 분들이 많습니다.

캐나다의 크레티앙 총리는 한쪽 귀가 멀고 발음이 불분명한 장애를 극복하고 캐나다 선거 사상 가장 빛나는 승리를 한 분입니다. 그는 정직함과 성실함으로 자신의 불리한 조건을 이겨 낸 삶의 승리자이기도 합니다. 크레티앙 총리는 "나는 말은 잘 못하지만 대신 거짓말은 하지 않는다."라는 유명한 말을 남겼습니다. 독일의 유명한 헤르만 헤세 역시 언어장애 작가입니다. 언어장애를 겪는 헤르만 헤세는 이 핸디캡을 극복하기 위해 많은 독서를 하였고 이 많은 독서량을 바탕으로 세계적인 작가로 성장하였습니다. 한때는 반

넌 만에 학교에서 퇴학당하기도 했고 극도의 신경쇠약과 자폐증으로 자살을 시도하거나 마음의 아픔을 겪어 왔지만 자신의 독서와 노력으로 노벨문학상을 수상한 위대한 작가가 되었습니다. 이들은 모두 다름의 여행을 위대한 승리의 여행으로 바꾼 것입니다. 이 외에도《달과 6펜스》의 서머셋 모음, 발명왕 에디슨, 영혼의 목소리 호세 펠리치아노, 유럽최고의 시성 호메로스 호머, 이솝이야기의 작가 이솝, 행동하는 지성 샤르트르 등도 장애의 그늘을 딛고 다름의 여행을 아름답게 승화시킨 사람들입니다. 보통 사람들과는 아주 다른 삶의 여행으로 만들었습니다.

손과 발로 소리를 느끼는 청각장애인 애블린 글래니 역시 수많은 콘서트를 통해 인간승리의 한 표상이 되었습니다. 청각장애 아동들에게 음악치료를 지원해주는 런던 베토벤기금단체회장으로 활동하면서 청각장애인이지만 훌륭한 연주를 할 수 있다는 것을 보여주고 있습니다. 그러면서 장애는 단지 조금 불편할 뿐이라는 장애를 가진 분들이 하는 공통된 말을 하고 있습니다.

우리나라의 경우도 강영우 박사나 김기창 화백 등 다름을 차이로 인정하지 않고 다름을 위대한 삶으로 꽃피운 다름의 아름다운 여행자들도 있습니다.

장애는 차이가 아니라 단지 불편한 것뿐입니다. 장애를 극복하고 아름다운 삶을 살아온 삶의 여행자들은 보통 사람들과 다른 위대한 승리를 하기도 합니다. 장애는 단지 불편할 뿐 좌절시키거나 절망하게 하는 이유가 되지 못하기 때문입니다.

우리는 모두 잠재적 장애인들입니다. 언제, 어디서, 신체적 장애인이 될지 정신적 장애인이 될지 알 수가 없는 일입니다. 다만 차이를 차별화하지 않는 태도와 장애를 가진 이웃을 사랑으로 감싸주는 태도가 삶의 여행을 위대하게 할 수 있을 뿐입니다.

# 용서의 여행

우리가 세상을 사는 동안 알게 모르게 남에게 잘못한 일들이 많습니다. 이때 잘못을 용서하는 일과 용서받는 일은 삶의 여행 가운데 가장 중요한 부분입니다. 어떤 이는 일생동안 자기에게 잘못을 저지른 사람을 용서하지 못하고 숨을 거두는 사람도 있습니다. 또 어떤 이는 일생동안 용서를 받기 위해 갖은 노력을 다 하는 사람도 있습니다. 삶의 여행 가운데 용서하는 자와 용서받는 자가 있기 마련입니다. 용서할 때도 있고, 용서받을 때도 있습니다. 그러나 용서할 때나 용서받을 때 모두 용기가 필요합니다. 용서할 수 없을 때 거짓용서를 하는 것보다는 용서를 하지 않는 것이 정직할 수도 있습니다. 그러나 우리의 삶은 용서 없이는 참다운 삶을 살 수가 없습니다.

어떤 사람은 자기에게 잘못을 저지른 사람을 용서하지 못하여 일생동안 그 사람을 미워하고 좌절하며 고통을 느끼고 살았다고 합니다. 이 삶은 자기의 삶이 아닌 것입니다. 미워하는 사람 때문에 마음을 뺏긴 시간은 자기의 삶을 사는 시간이 아니기 때문입니다. 용서할 수 없기 때문에 미워하고, 미워함으로써 미워하는 사람을 생각하게 되고, 미워하는 사람 때문에 자기 할 일을 하지 못하고 자기의 삶을 살 수 없기 때문입니다. 50년을 산 어떤 사람이 15년 동안 어떤 사람을 미워하며 용서하지 못한 삶을 살았다고 하면 그 사람은 35년밖에 살지 않은 사람과 같습니다. 15년 동안은 미워하는 사람에게 빼앗긴 시간이기 때문입니다.

인도네시아에는 1년에 한 번씩 사과하는 날이 있다고 합니다. 이 날에는 1년 동안 자기가 잘못을 저지른 사람에게 찾아가 사과를 하는 날이기도 합니다. 이 때 사과를 받는 사람과 사과를 하는 사람이 있습니다. 용서를 하고 용서를 받는 것이지요.

우리의 경우도 용서할 수 있을 때 용서해야 되고 용서받고 싶을 때 용서를 받을 필요가 있습니다. 엄격히 말해 인간은 누구를 용서할 자격도, 용서받을 자격도 없는 경우가 많습니다. 너무 많은 잘못을 저지르고 살고, 너무 많은 허물을 안고 살고 있기 때문입니다. 그러나 용서하는 여행은 우리의 삶의 여행 가운데 필요한 부분입니다.

마음을 비우면 용서가 보이고, 용서가 보이면 용서하고 용서받는 것은 큰 문제가 되지 않습니다. 용서할 때 자존심이 필요한 것이 아닙니다. 용서받을 때 자존심이 필요한 것이 아닙니다. 용서는 자기를 내려놓는 여행이고, 용서는 자기를 비우는 여행이고, 용서는 이웃을 보는 여행이고, 용서는 이웃을 섬기는 여행이기 때문입니다.

가장 큰 용서는 자기를 내려놓는 용서입니다. 용서 없이 자기를 내려놓을 수 없기 때문입니다. 남의 탓을, 남의 허물을, 남의 약함을 보는 눈을 가질 때에 용서는 불가능합니다. 자기로 가득 채운 마음은 교만이요, 자만이요, 이기심이요, 독선일 경우가 있을 수 있기 때문입니다.

# 실패와 성공의 여행

우리는 삶의 과정에서 많은 실패를 경험하게 됩니다. 이러한 실패를 하게 되면 좌절과 아픔과 고뇌에 쌓이게 됩니다. 때론 마음에 큰 상처를 갖게 되기도 합니다. 어느 대학 총장 재직 시절에 실패학 교양강좌를 개설한 적이 있습니다. 성공한 분들의 입을 통해 그들의 실패의 경험을 말하게 하고 학생들로 하여금 그들의 실패를 통해서 어떻게 성공했는지, 실패를 어떻게 극복했는지를 배우게 하기 위해서였습니다. 초청된 강사들은 각계에서 독보적인 위치에 있는 인간문화재, 명인, 성공한 벤처기업인, 오랜 실패에 끝에 성공한 여러 분야에서 일하는 분들이었습니다.

소리로만 독자적인 영역을 개척한 김벌래라는 명인이 있습니다. 우리가 쉽게 광고에서 접할 수 있는 음향효과나 소리를 일생동안 개척해온 분입니다. 그가 대표적으로 성공한 하나의 광고는 코카콜라 광고였습니다. 코카콜라 병뚜껑을 열 때, “팍~”하고 내는 소리가 이 분의 작품입니다. 미국의 코카콜라 본사에서 백지수표를 보내면서 당신이 원하는 액수를 적으라고 할 정도로 이 광고는 세계적으로 성공한 광고였습니다. 소리만을 위해서 일생을 살아온 이 분은 수많은 실패와 좌절, 노력 속에서 그 영역에서 독보적인 사람이 된 것입니다.

에디슨 또한 세계적인 천재 발명가였지만 수많은 좌절과 실패 끝에 하나하나를 이루었다고 합니다. 어떤 분이 에디슨에게 성공의 비결을 물었을 때 “나는 아직도 실패를 수없이 경험하고 있습니다. 어떤 때는 9,999번의 실패 끝에 10,000번째에 성공하는 경우도 있습니다. 어떤 경우는 지금도 실패를 반복하고 있는 발명품도 있습니다.”라고 말했다고 합니다. 이렇듯 세기적 발명가도 때로는 1/10,000의 확률을 가지고 노력을 하고 있으며, 오늘날의 새로운 발명들은 더욱 어려워 수백억 분의 1의 확률로 실패를 거듭한 끝에 성공한 경우도 있습니다.

실패학과 성공학을 통한 삶의 여행은 결코 만만하거나, 쉽거나, 행운에 의해서 이루어지는 것이 아닙니다. 피나는 노력, 실패의 아픔, 좌절을 딛고 일어서는 용기, 끝없이 도전하는 끈기를 통해서만 성공한 삶을 살 수 있음을 보여주는 것입니다. 한 번도 실패하지 않은 사람은 결코 값진 삶을 산 사람이라 볼 수 없습니다. 행운이 따른 사람일 수는 있으나 깊고 진한 삶을 산 사람이라고는 볼 수 없습니다. 실패는 성공을 낳고 성공은 실패를 낳기도 합니다. 그러므로 우리의 삶은 실패학에서 얻을 수 있는 지혜와 성공학에서 얻을 수 있는 성공의 과정을 잘 이해할 수 있는 지혜가 함께 할 때 아름다운 삶의 여행이 될 수 있습니다.

삶은 실패의 경주장이기도 합니다. 삶은 실패의 지뢰밭이기도 합니다. 삶은 실패의 놀이터이기도 합니다. 그래서 삶은 실패 위에 피는 꽃이기도 합니다.

삶의 여행의 끝에서 살아온 뒷모습을 돌아보게 되면 스스로 실패한 여행인지 성공한 여행인지를 알 수 있습니다. 실패를 극복한 삶은 실패의 흔적마다 실패를 극복하기 위한 땀과 눈물과 아픔의 자국이 있지만, 실패를 끌어안고 사는 삶은 실패의 고비마다 자신을 버리거나 자신을 부수는 모습을 볼 수 있습니다.

실패를 두려워해서는 안 됩니다. 실패를 자초해서도 안 됩니다. 실패를 피해가서도 안 됩니다. 누구에게나 실패는 호흡처럼 우리 곁에 함께 하기 때문입니다.

# 아름다운 사람들의 여행

미국 사우스캐롤라이나대학에 재직할 때 이웃에 살던 80세 밥(Bob)의 어머니가 생각납니다. 그녀의 기도 제목은 아들보다 하루만 더 살다가게 해달라는 것이었습니다. 그녀에게는 60살 된 장애인 아들이 있었기 때문입니다. 아들의 밥을 하루라도 더 해 줄 수 있도록 건강을 달라는 것과 아들을 하늘나라에 먼저 보내고 하루 뒤에 세상을 떠나는 것이 밥의 어머니의 소원이었습니다. 그녀는 노년에 접어든 아들이 안타까워 늘 기도로 자신이 건강을 유지해 아들을 돌보다 가기를 소원했던 것입니다.

장애를 가진 자녀를 둔 부모들의 한결같은 소망은 자식들보다 단 하루라도 더 늦게 죽어가는 것이라고 합니다. 자녀를 위해 자기를 바치는 것을 어려운 일이라고 생각하지 않습니다. 밥 어머니의 아름다운 마음은 아픈 아들을 위한 자기희생에서 가능한 일이었습니다. 자식을 위해 일생을 헌신하고 섬기며 사는 이 모습은 자식을 사랑하는 아름다운 어머니의 한 모습이라고 볼 수 있습니다. 자식을 버리고, 부모를 버리며, 심지어 자식이 부모를 죽이기도 하고, 부모가 자식을 죽이기도 하는 요즘에도 이러한 자식사랑의 부모가 있다는 것은 비록 장애인 아들의 경우이긴 하지만 아름다운 부모임에 틀림없습니다. 희생 위에 꽃을 피우지 못한 부모의 사랑이지만 이 아들은 어머니의 사랑을 통해 나름대로의 기쁨과 한계를 지닌 행복을 누릴 수 있기 때문입니다.

또 다른 아름다운 사람은 일리노이에서 공부할 때 성경공부를 인도한 홀 부부입니다. 70살이 넘은 홀 부부는 외국에서 온 학생들을 지극히 섬기는 섬김의 사람들이었습니다. 독실한 믿음을 가진 크리스천으로서 많은 외국인 학생들을 돌보고 그 영혼을 구하는 일들을 해 왔습니다. 남부 침례교회의 독실한 신자들인 이들은 외국인 학생들의 집을 찾아다니며 오이, 가지, 호박 등 자기들이 손수 가꾼 채소와 야채를 때마다 나눠주고 아픔이 있는 외국인 학생들은 의료기관에 보내 치료를 해 주고 빛도 없이, 이름도 없이 헌신적으로 나눔을 실천하고 섬기는 삶을 살아왔습니다. 이들은 외국인 학생들이 있는 곳이면 어디든 마다하고 다니면서 베풀고, 돌보고, 가르치고, 안내하고, 섬기기를 마다하지 않았습니다. 홀 부부는 먼 이국땅에 공부하기 위해 온 유학생들을 친자식 못지않게 돌보는 일을 수십 년 해 왔습니다. 어느 날 이들에게 "지난 수십 년동안 외국인을 돌보는 일을 해왔는데 그 이유가 무엇입니까?" 라고 물었을 때 이 부부는 이렇게 대답했습니다. "하나님께서 하라하시니 합니다. 부족한 분들과 그들 가족들에게 도움을 주는 일은 저희 삶의 한 부분입니다."

또 다른 예는 미국 남일리노이대학교의 존 킹 박사의 아름다운 삶의 여행입니다. 킹 박사는 미국의 저명한 고등교육 학자입니다. 킹 박사는 외국인 학생들의 자동차를 스스로 고쳐주기도 하고, 집을 마련해 주기도 하고, 음식을 나눠주기도 하면서 많은 학생들에게 감명을 준 분입니다. 어느 날 자동차가 고장이 나서 당황하고 있는데 나이든 킹 박사가 다가와 자동차를 수리하여 주면서 어디가 고장 나서 문제가 있는지를 자세히 설명해주었습니다. 나에게만 그런 것이 아니라 많은 외국인 학생과 가난한 흑인학생들을 돌보아 오셨다는 것이었습니다.

남을 섬기는 사람은 스스로 자랑하거나 표시하지 않지만 도움을 받은 사람들의 입을 통해 널리 퍼지게 되는 것입니다. 킹 박사는 후에 미케닉 킹(자동차수리전문가인 킹) 박사로 별명이 지어질 정도였습니다. 이들은 남을 위해 자기의 시간, 지식, 에너지, 마음을 나누어 주는 아름다운 사람들인 것입니다.

아름다운 사람은 아름다운 말을 남기고 아름다운 흔적을 남깁니다. 아름다움을 키우는 사람들입니다. 꽃이 필 때 소리 없이 피듯이 아름다운 사람이 아름다운 일을 할 때에도 소리 없이 하는 경우가 많습니다. 아름다움은 아름다운 기억을 남기고 아름다운 영혼을 만듭니다.

미국에서의 많은 기억들 중에서 수많은 아름다운 사람들의 기억이 있어 미국이 때로는 아름다운 사람들의 나라인 것처럼 생각되기도 합니다. 아름다움을 심는 사람이 있는 나라는 아름다운 이웃을 만들 수도 있고 아름다운 사람들의 삶의 여행을 통해 스스로도 아름다운 삶의 여행을 만들 수 있기 때문입니다.

# 도전하는 삶의 여행

삶의 여행 가운데 도전하는 삶을 택한 사람들이 많습니다. 운동경기에 몰두하거나, 과학자가 되거나, 모험가가 되거나, 산악인이 되거나, 음악가가 되거나 하는 삶들은 도전하는 삶의 여행가들이라고 할 수 있습니다. 그리고 많은 스포츠 스타들과 예술가, 과학자, 모험가들은 대표적인 도전하는 삶의 여행가들이라고 볼 수 있습니다.

생애를 파란만장하게 살아 온 프랑스 인상주의 화가 고갱은 순수함에 대한 열정이 있던 사람입니다. 거짓이 없는 순수함에는 꿈이 있습니다. 거기에는 시가 살아있고 예술이 살아 있습니다. 고갱은 독자적인 화풍을 만들며 평면적인 채색으로 장식적인 그림을 그린 화가입니다. 그는 강렬하고도 새로운 장식풍의 그림을 통해 후세에 많은 영향을 끼친 분입니다. 고갱은 "인생은 충동이 없다고 하면 어둠에 불과하고, 모든 충동은 지식이 없다면 눈이 먼 것"이라고 하면서 모든 지식은 일이 없다면 헛된 것이라고 고백했습니다. 또한 모든 일은 사랑이 없다면 공허한 것이라고 말했습니다.

이처럼 고갱은 도전적인 삶의 여행을 통해 독자적인 그림세계를 개척한 분이지만 7살 때 아버지를 잃고 선원이 되기도 하고, 돈이 없어 굶주리기도 하면서 많은 실패와 고독을 스스로 안고 산 사람입니다. 그러나 도전을 통한 그의 삶의 여행은 강렬한 고갱의 그림세계를 개척한 것입니다.

네덜란드의 화가인 반 고흐 역시 도전하는 삶을 살아온 분입니다. 현대미술사 표현주의 흐름에 강한 영향을 미친 네덜란드 화가인 반 고흐는 불과 10년이라는 짧은 기간 동안 강렬한 색채와 거친 붓놀림, 뚜렷한 윤곽을 드러내는 표현주의의 대표적인 작가였습니다. 그러나 그는 자살까지 몰고 간 정신병의 고통을 안고 살면서 인상 깊게 전달한 새로운 미술세계를 개척한 분입니다. 반 고흐는 일생동안 많은 정신적 위기를 겪으면서 스스로 왼쪽 귀의 일부를 잘라내거나 정신이상 증세를 보이기까지 고독과 절망과 가난 속에서 일생을 어렵게 산 사람입니다. 그의 생전에 팔린 그림은 한 점에 불과할 정도로 그의 뛰어난 예술성에도 불구하고 그의 삶은 불행했습니다. 그러나 반 고흐는 도전적인 삶의 여행을 통해 네덜란드에서 가장 위대한 화가의 한 사람으로 평가받고 있습니다. 비록 800점 이상의 유화와 700점 이상의 데생을 그렸지만 그가 살아있는 동안 팔린 작품은 데생 한 점뿐이었습니다. 도전하는 삶의 여행은 이처럼 평탄하지는 않지만 반 고흐가 "양심은 인간의 나침반이다."라고 말했듯 도전을 통해 스스로의 양심을 버리지 않는 삶의 여행입니다.

에드먼드 힐러리 경을 비롯한 세계 최고봉을 등반하는 산악인들 또한 도전하는 삶을 살아온 분들입니다. 세계 최고봉 8,848m의 에베레스트를 최초로 등반한 힐러리 경은 뉴질랜드 남부의 투아카우라는 작은 섬에서 태어났습니다. 모험을 좋아하는 힐러리 경은 산악인의 꿈을 키웠고, 마침내 세계 최고봉을 최초로 등반한 사람이 되었습니다. 정상을 오르는 중 같이 등반한 텐징 노르게이가 앞서가는 상황이 되고 뒤쳐진 힐러리가 정상을 눈앞에 둔 지점에 도착했을 때 텐징은 힐러리가 올 때까지 기다려 주었다고 합니다. 텐징이 힐러리에게 어서 정상에 오르라고 재촉하자 "이곳은 한 나라야. 당신이 먼저 정상을 밟아야지."라고 했다고 합니다. 1953년 5월 29일 세계 최초로 최고봉 에베레스트에 오른 두 사람은 텐징의 경우 그의 딸이 정상에 묻어달라는 색연필을 묻고 힐러리는 조국 뉴질랜드의 국기를 눈 속에 묻었다고 합니다.

이들은 도전하는 삶의 여행의 대표적인 사람들입니다. 농구선수 마이클 조던이나 축구선수 펠레, 마라도나, 피겨 스케이트 선수 김연아 등은 도전하는 삶의 대표적인 사람들입니다.

만유인력의 법칙과 빛의 스펙트럼, 미적분 등 3대 위대한 발명을 한 아이작 뉴턴은 물체의 운동법칙인 역학 법칙을 체계적으로 정립하는데 많은 노력을 기울인 분입니다. 그의 삶은 도전하는 삶의 여행가답게 위대한 3대 발견을 하게 만들었습니다. 뉴턴은 이러한 발견은 갑작스러운 통찰력이 아니라 문제를 해결할 때 까지 꾸준히 오랫동안 생각한 결과였다고 말하기도 했습니다. 뉴턴의 말처럼 도전하는 삶은 그 영역이 무엇이든 많은 실패와 노력과 눈물과 땀이 함께 하는 도전적인 삶의 여행을 통해서만 가능한 일입니다.

씨없는 수박을 발견한 우장춘 박사나 우리의 역사 속에서 찾아볼 수 있는 장영실의 도전정신 또한 도전하는 삶의 대표적인 여행이라고 할 수 있습니다.

# 창조하는 여행

과학자들은 도전하는 사람들의 표상이기도 합니다. 그리고 새로운 이론과 새로운 발명이나 발견을 위한 삶의 여행자들입니다. 많은 과학자들이 있지만 몇 분의 일생을 살펴보면 과학자들의 삶의 여행의 모습을 알 수 있습니다.

노벨상을 만든 노벨의 경우, 스웨덴 스톡홀름에서 태어나 미국으로 유학하여 기계 공학을 배웠습니다. 그 후 스웨덴에서 폭약의 제조와 그 응용에 종사하고 있던 아버지의 사업을 도와 폭약의 개량에 몰두하여 다이너마이트를 발명하였습니다. 이를 이용하여 노벨은 스웨덴, 독일, 영국 등에서 공장을 연이어 건설하고 1886년 세계 최초의 국제적인 회사 '노벨 다이너마이트 트러스트사'를 창설하여 유럽 최대의 부호가 되었습니다. 과학의 진보와 세계의 평화를 염원한 그의 유언에 따라 스웨덴 과학 아카데미에 기부한 유산을 기금으로 1901년부터 노벨상 제도가 실시되었습니다.

폴란드의 바르샤바에서 태어난 마리 퀴리는 남편 피에르 퀴리와 함께 우라늄광에서 새로 원소를 분리해내고 이 원소들을 라듐과 폴로늄이라고 이름을 붙였습니다. 그 후 우라늄에서 방사능을 발견한 이후 방사능을 연구하기로 결심한 그녀는 남편과 함께 우라늄보다 훨씬 강한 방사성을 내는 물질을 발견하고 이 물질을 폴로늄이라고 불렀습니다. 이러한 연구로 1903년 베크렐과 함께 노벨물리학상을 수상했습니다. 수상하는 날도 연구에 방해가 된다 하여 수상식에는 참가하지 않았다고 합니다. 계속되는 연구 끝에 1911년 노벨화학상을 수상함으로써 최초로 두 개의 노벨상을 받은 사람이 된 마리 퀴리는 무차별적으로 쐰 방사능 때문에 백혈병에 걸려 고통스러운 말년을 보냈습니다. 그녀는 1934년 딸과 사위가 인공 방사능을 발견했다는 소식을 들으면서 알프스 산맥 아래의 한 요양원에서 세상을 떠났습니다. 딸 역시 사위와 함께 노벨상을 받아서 부부가 노벨상을 받은 가족이 되었습니다.

뉴턴의 3대 발견은 만유인력의 법칙, 빛의 스펙트럼, 미적분입니다. 그는 만유인력의 원리로부터 이론 역학을 세움으로써 근대 과학에 불후의 업적을 남겼고 반사 망원경도 발명했습니다. 뉴턴이 이룩한 물리 체계 중에서 가장 뛰어난 것은 물체의 운동 법칙을 밝힌 역학입니다. 그는 나이 46세인 1687년에 관성의 법칙, 가속도의 법칙, 작용과 반작용의 법칙의 세 가지 법칙을 명확히 공식화

하여 과학사에서 가장 손꼽히는 책으로 받아드려지는 자연 철학의 수학적 원리를 완성하였습니다.

우리 역사상 뛰어난 과학자도 있습니다. 장영실은 비천한 신분에도 불구하고 타고난 재능과 기술로 조선 전기 과학기술 수준을 비약적으로 끌어올리는 데 큰 역할을 했습니다. 아버지는 귀화한 중국인이며, 어머니는 기녀였다고 합니다. 동래현(東萊縣)의 관노로 있다가 뛰어난 기술로 발탁되어, 1423년 노비 신분을 벗게 되었습니다. 장영실은 중국의 체제를 참고하여 물시계, 혼천의를 완성했고, 이를 토대로 자격루도 만들어 냈습니다. 그 후 간의, 앙부일구, 규표, 측우기, 수표 등을 개발했습니다.

# 삶의 언어와 함께하는 여행

나는 여러분의 운명을 알지 못하지만, 여러분들 중 가장 행복한 삶을 살 수 있는 사람은 오직 봉사를 어떻게 해야하는지를 끊임없이 찾고 깨닫는 사람이라는 점입니다. (알버트 슈바이처)

사랑하기엔 우리의 삶이 너무 짧습니다. 하나님께서 요구하는 것은 풍부함이 아니라 비움과 겸손입니다. 타인으로부터의 모욕을 감사하고 자신의 모자람에 감사해야합니다. (마더 테레사)

저희가 하는 일은 넓은 바다의 물방울 하나에 불과하지만 저희가 아니면 그 물방울마저 영원히 사라지고 말 것입니다. (마더 테레사)

우리들은 시대의 변화에 적응해 나가면서도 변하지 않는 원칙을 유지하고 있어야 합니다. 첫 번째는 목표를 갖는 것이고 두 번째는 다른 사람들과 좋은 관계를 유지하는 것입니다. (지미카터)

도움을 필요로 하는 사람을 돕는 것 외에 중요한 것은 아무것도 없습니다. (앙리 뒤낭)

현실을 바꾸고 싶으면 그것을 가능하게 할 시스템을 창조하십시오. (유누스)

평화는 스스로 오지 않습니다. 여자 아이들의 지성과 열정 그리고 위대함을 풀어줄 때 가능한 일입니다. (레이마 그보위)

재물은 만인이 공유할 때 빛이 납니다. (이복순 할머니)

나는 의사가 된 날부터 치료비가 없는 환자를 위한 책임감을 잊어버린 적이 없습니다. 이 결심을 잊고 살면 나의 생애는 실패한 것이요, 이 결심을 잊지 않고 살면 나의 생애는 성공한 것입니다. (장기려 박사)

매스는 손이 아니라 마음 속 뜨거운 힘으로 움직이게 하는 것입니다. (노먼 베슌)

결코, 결코 인생을 포기하지 마십시오 (강영우 박사)

인생에서 가장 중요한 장소는 여기이고 인생의 최고의 순간은 지금입니다. (엘리자베스 비베스코)

실패한 젊은이는 꿈이 없는 젊은이요, 성공한 젊은이는 꿈이 있는 젊은이입니다. (GE의 전기의 마술사 메이츠)

열정은 성공의 열쇠이고 성공의 완성은 나눔입니다. (워렌 버핏)

남보다 더 가졌다는 것은 축복이 아니라 사명입니다. (오프라 윈프리)

아름다운 입술을 갖고 싶으면 친절한 말을 하십시오. 사랑스러운 눈을 갖고 싶으면 사람들의 좋은 점만 보십시오. (오드리 햅번)

나는 큰 일을 할 수는 없습니다. 그러나 작은 일을 큰 사람으로 할 뿐입니다. (마더 테레사)

그의 능력은 뛰어났으나 그의 삶은 불행하였고, 그의 죽음은 비참하였습니다. (에드가 엘렌 포우의 묘비)

노병은 죽지 않고 사라질 뿐입니다. (맥아더 장군)

나이가 60세이다, 70세이다 하는 것으로 그 사람을 늙었다, 젊었다고 할 수 없습니다. 늙고 젊은 것은 그 사람의 신념이 늙었느냐 젊었느냐 하는데 있습니다. (맥아더 장군)

세상이 당신을 버렸다고 생각하지 마십시오. 세상은 당신을 가진 적이 없습니다. (롬멜)

만약 제가 신의 은총을 받지 않았다면 신은 나를 버릴 것입니다. 그리고 내가 신의 은총을 입었다면 신은 나를 지킬 것입니다. (쟌 다르크)

인생이란 쳇바퀴 속에서 벗어나십시오. (쟌 다르크)

必死卽生 必生卽死 (이순신)

사람은 누구나 정상에 서고 싶어 합니다. 그 정상이란 반드시 산의 꼭대기가 아니며 하나의 종점이고 모든 선이 모여드는 곳, 소재가 생성하고 그 모습을 바꾸는 지점이라는 뜻입니다. 이 지점은 적어도 상징적으로 세계가 '무(無)'로 바뀌는 곳으로 모든 것이 완

결되면 끝이며 마력이나 자력처럼 나를 끌어당깁니다. (나인홀트 메스널 - 이탈리아 산악인)

뛰어난 사람만 인생을 잘 살 수 있는 것이 아닙니다. 중요한 것은 동기입니다. 진정 무언가를 원한다면 온 힘을 다하십시오. (에드몬드 힐러리, 세계 최고봉 에베레스트 최초 등반자)

나는 농구생활을 통틀어 9,000개 이상의 슛을 실패했고, 거의 3,000 게임에서 패배했습니다. 그 가운데 26번은 다 이긴 게임에서 마지막 슛을 실패해서 졌습니다. 나는 살아가면서 수많은 실패를 거듭했습니다. 바로 그것이 내가 성공할 수 있었던 이유입니다. (농구선수 마이클 조던)

상대보다 0.5초 빨라야 됩니다. (축구선수 펠레)

나는 온갖 나쁜 일을 했지만, 단 한 번도 축구를 더럽힌 적은 없습니다. (축구선수 마라도나)

나에게 늘 최선을 다한다고 칭찬하지 마십시오. 그건 기본입니다. (야구선수 마크 맥과이어)

인생은 충동이 없다면 정말 어둠에 불과합니다. 그리고 모든 충동은 지식이 없다면 눈이 먼 것입니다. 또 모든 지식은 일이 없다면 헛된 것입니다. 그리고 모든 일은 사랑이 없다면 공허한 것입니다. (화가 고갱)

양심은 인간의 나침반입니다. 나는 사람들을 사랑하는 것보다 더 중요한 예술은 없다고 생각합니다. 위대한 성과는 함께 이루어지는 작은 일들의 연속으로 얻어진다고 생각합니다. (화가 반 고흐)

세계 역사는 우리에게 게임에서 이길 수 없다면 규칙을 바꿀 수 있다고 가르쳐 줍니다. (비디오 작가 백남준)

내가 강해야 한국도 강해진다고 생각합니다. 예술가는 결국 영감의 원천을 준 고국의 품으로 돌아가기 마련입니다. (성악가 조수미)

스스로 용납할 수 있는 연습의 끝은 없습니다. (성악가 조수미)

일의 끝이 있다니, 그림의 끝이 있다니 말도 안되는 소리입니다. 끝낸다는 의미는 예술의 영혼을 죽이고 화가의 최후를 의미하는 말입니다. (화가 피카소)

미움받는 자기 자신을 만드는 일은 사랑받는 자기 자신을 만드는 일보다 더욱 어려운 일입니다. (화가 피카소)

보람있게 보낸 하루가 편안한 잠을 가져다주듯이 값지게 쓰여진 인생은 편안한 죽음을 가져다줍니다. (레오나르도 다빈치)

잘 지낸 하루가 행복한 잠을 이루게 하는 것처럼 잘 보낸 인생은 행복한 최후를 가져다줍니다. (레오나르도 다빈치)

음악은 영적인 삶과 육체적 삶을 중재하는 그리스도입니다. (음악가 베토벤)

음악은 남자의 가슴에 불을 지펴줍니다. 그리고 여인의 눈물로부터 눈물을 훔쳐냅니다. (음악가 베토벤)

지능이 높다거나 상상력이 풍부하다해서 천재가 되는 것은 아닙니다. 사랑은 천재를 만드는 핵심입니다. (음악가 모차르트)

제 기록은 제가 깰 것입니다. (남자 100m 세계 신기록 보유자 우사인 볼트)

그 순간 죽을 것 같아도 견뎌내지 못한 고통은 없습니다. (골프 선수 타이거 우즈)

인생은 어려울 때가 제대로 가고 있을 때입니다. 고난은 우리를 더 강하게 만들 수 있는 비타민입니다. (야구선수 박찬호)

첫 걸음을 떼기 전에 앞으로 나갈 수 없고 뛰기 전에 이길 수 없습니다. (피겨 스케이트 선수 김연아)

모든 등반의 완성은 올라가는 것이 아니라, 살아서 내려오는 것입니다. (산악인 오은선)

기쁨이란 정상에 있지 않고 무사히 내려왔을 때 있는 것입니다. 숨을 내쉬고 들이쉬고, 눈을 떴다 감았다 하는 사이에 삶과 죽음이 있습니다. (산악인 박영석)

뭉치면 살고 흩어지면 죽는다. (이승만 대통령)

사랑하기에는 우리 삶이 너무 짧습니다. 하나님께서 요구하는 것은 풍부함이 아니라 비움과 겸손입니다. 침묵은 모든 진리의 시작이며 기도의 첫 머리입니다. 타인으로부터 모욕을 감수하고 자

신의 모자람에 감사해야 합니다. (방글라데시 경제학자, 노벨평화상 수상자 모하마드 유누스)

무엇인가 이끌리는 향기가 자기를 이곳으로 데려왔다고 합니다. 계란이 바윗돌에 부딪치는 격이지만 끊임없이 부딪쳐야 한다고 그는 말했습니다. 희망이 없어 보이던 이곳. 이곳에서 그는 기적을 하나하나 만들어갔습니다. 한 인간이 이렇게 먼 오지에 와서 이곳 사람들에게 깊은 감동과 기억을 새겨놓게 되고, 비록 지금은 저 세상 사람이 되었지만 작은 불씨가 되고 이곳의 삶이 조금 더 나아지도록 작은 초석이 되었음이 분명합니다. (이태석 신부님의 남부수단 선교활동 보고서)

당신이 주는 것은 당신이 살아있다는 증거입니다. (엘리자베스 비베스코)

기억하지 않고 주며, 잊지않고 받는 그들이 축복받은 사람들입니다. 주는 사람에게도 받는 사람에게도 최고의 축복인 것입니다. 복을 유통하는 사람이 되십시오. 무엇이든 머물면 썩지만 나누면 기쁨이 배가 됩니다. (차동엽의 《무지개 원리》 중에서)

열정은 성공의 열쇠입니다. 그리고 성공의 완성은 나눔입니다.

그동안 살아오면서 즐거웠던 기억들만 남기고 나머지 모든 것은 사회에 돌려주십시오. 내가 이 자리에 서게 된 것은 나를 존재하게 해준 사회 덕분입니다. 자식들에게 너무 많은 유산을 남기는 것은 오히려 독이 됩니다. (워렌 버핏)

자신이 이룬 성공은 자신의 능력만으로 얻은 것이 아니라 사회가 있기에 얻은 것입니다. (빌 게이츠)

부자들을 돕는 것은 투자라고 하고 가난한 사람을 돕는 것은 비용이라고 하는 것은 잘못된 생각입니다. (브라질 대통령 룰라)

충(忠)은 백성을 위하고 백성을 섬기는 의미입니다. (이순신 장군)

모든 절망감이 물밀듯 다가와 일어설 수 없었던 내게 실명은 크나큰 용기를 심어주었습니다. 실명이 비참한 것이 아니라 실명을 이겨낼 수 없는 나약함이 비참한 것입니다. (밀튼)

내가 죽으면 나의 재산을 기금으로 하여 해마다 인류를 위해 큰 공헌을 한 사람 (물리학, 화학, 병리학과 의학, 문학, 인류평화를 위해 공헌한 사람)을 위해 상금으로 쓰십시오. (노벨)

가족들이 서로 맺어져 하나가 되었다는 것이 이 세상에서의 유일한 행복입니다. (퀴리 부인)

가끔 진리의 거대한 대양이 저만치에서 미지한 채로 가려놓여 있었다면 내 자신은 바닷가에서 매끄러운 돌과 아름다운 조개나 찾으며 놀고 있는 어린아이에 불과합니다. (뉴턴)

길가에 민들레는 밟혀도 꽃을 피웁니다. (우장춘 박사)

나의 재주는 혼자만 아는 것이 아니라 나라 것이어야 하고 온 세상 사람들 것이어야 합니다. (장영실)

사람은 섬길 수 있기 때문에 위대합니다. (마틴 루터 킹)

삶에 있어 가장 중요한 질문은 "다른 사람을 위해 무엇을 하고 있습니까?"라는 질문입니다. (마틴 루터 킹)

부모를 왕위에 나가게 한다고 해도 그 은혜는 다 갚지 못합니다. 싸움에 있어서는 한 사람이 천 사람을 이길 수 있습니다. 그러나 자기 자신을 이기는 자야말로 가장 위대한 승리자입니다. (석가모니)

우리가 살고 있는 이 지구를 진정 사랑하다면 환경을 보호하기 위해 함께 힘써야 합니다. (엘버트 고어)

과학적으로도 동물에게 인간과 같은 마음이 있으며 자연이 인간에게 자연을 알게 하기 위해 침팬지를 대사로 파견한 듯합니다. (침팬치의 어머니 제인 구달)

단 한 번의 실패로 삶이 나락으로 떨어지는 경우는 잘 없습니다. (설기문의 《너에게 성공을 보낸다》 중에서)

나는 틀림없이 해낼 수 있습니다. 다짐해야 합니다. 실패를 했기 때문에 포기하는 것이 아니라 싫증을 내고 포기하기 때문에 실패합니다. (장쓰안의 《나를 이기는 힘, 평상심》 중에서)

인생은 마음에 그린 대로 이루어집니다. 강렬하게 생각하는 것이 현실로 나타납니다. (이나모리 가츠오의 《카르마 경영》 중에서)

십분 뒤와 십년 후의 자기모습을 동시에 생각하십시오. (피터 드러커)

나는 잘 될 것입니다. 나는 긍정적은 사람입니다. 나는 좋은 습관을 가진 사람입니다. 나는 사랑할 줄 아는 사람입니다. 나는 최선을 다하는 사람입니다. 나는 비전이 있는 사람입니다. 나는 믿음으로 삽니다. (조엘 오스틴의《잘 되는 나》중에서)

불가능은 소심한 자의 환영이며 비겁한 자의 도피처일 뿐입니다. (나폴레옹)

기회가 오지 않을 때에는 스스로 기회를 만드십시오. (스마일즈)

성공은 결과이지 목적은 아닙니다. (G. 플로베르)

자신을 믿으십시오. 어려운 일에 성공하려면 자신을 굳게 믿어야 합니다. 이것이 탁월한 재능을 가진 사람보다 재능은 평범하지만 강한 투지를 가진 사람이 훨씬 더 성공하는 이유입니다. (소피아 로렌)

절대 비난하거나 불평하지 마십시오. 칭찬과 인정, 감사를 표현하십시오. 열정과 성실로 일하십시오. 상대의 입장에서 생각하십시오. 온유한 말은 사람을 치유합니다. (카네기의《인간관계론》중에서)

지위와 역할에 관계없이 다른 이들의 행동과 가치관, 태도에 변화를 주고 변화를 일으키는 것이 리더십입니다. (월터 라이트)

내가 말할 때 귀로만 듣지 마세요. 나는 입으로만 말하지 않습니다. 눈으로 들어주세요. 나의 눈도 말을 하니까요. 무엇보다 마음으로 들어주세요. 저는 주로 마음으로 말하니까요. 마음으로 들어준다면 나는 말하고 당신은 들을 것이며 무지개는 더 선명하게 보일 것입니다.(김명희《리더쉽 DNA》중에서)

섬김의 기본 원리는 예수 그리스도의 사랑에서 시작합니다. (김명희《섬김 리더십》중에서)

삶은 기회입니다. 이 기회를 통하여 은혜를 받으십시오.
삶은 아름다움입니다. 이 아름다움을 찬미하십시오.
삶은 기쁨입니다. 이 기쁨을 맛보십시오.
삶은 꿈입니다. 이 꿈을 실현하십시오.
삶은 도전입니다. 이 도전에 대응하십시오.
삶은 의무입니다. 이 의무를 완수하십시오.
삶은 놀이입니다. 이 놀이에 함께 하십시오.
삶은 값을 치루는 일입니다. 그러니 소중히 대하십시오. (마더 테레사)

나는 아침에 일어나면 오늘 무엇을 할 것인가를 생각할 때에 가슴이 뛰십니다. (정주영)

용기는 두려움이 없는 것이 아니라 다른 사람들로 하여금 두려움을 넘어 행동하게 하는 영감입니다. (넬슨 만델라)

진보적이거나 보수적인 미국이 아닌 미합중국만이 있을 뿐입니다. (미국 대통령 오바마)

나는 흑인을 위한 오바마도 아니고, 백인을 위한 오바마도 아니고, 황인을 위한 오바마도 아니고, 여성을 위한 오바마도 아니고, 남성을 위한 오바마도 아니고, 동성애자를 위한 오바마도 아니고, 오직 미국을 위한 오바마입니다. (미국 대통령 오바마)

인생은 공평하지 않다는 것을 명심하십시오. (빌 게이츠)

돈은 문제가 아니다. 문제는 당신이 이끄는 사람들이고 그들에게서 무엇을 이끌어 낼 것인가 하는 것입니다. (스티브잡스)

다르게 생각하십시오. 그리고 내가 좋아하는 일을 찾아서 하십시오. (스티브잡스)

꿈을 실현하는 비결을 알고 있는 사람이 정복할 수 없는 것은 없습니다. (월트 디즈니)

현명한 사람은 한 번의 인생으로 충분하지만, 어리석은 사람은 영원한 생명을 주었다 하더라도 그것을 어떻게 쓰면 좋을지 모를 것입니다. (알렉산드르 솔제니친)

행복은 재물의 양이 아니라 가슴에서 가슴으로 전해지는 따뜻함으로 정의됩니다. (알렉산드르 솔제니친)

우리들이 과오를 범하는 것은 진실을 보지 못하기 때문입니다. 어쩌면 진실을 뻔히 알면서도 외면하는 것이 속이 편하기 때문입니다. (알렉산드르 솔제니친)

우리가 삶을 이어왔다는 사실 자체는 인생에서 그리 중요하지 않습니다. 중요한 것은 주위 사람들의 삶에 대한 어떠한 변화를 만들어 냈는가 입니다. (넬슨 만델라)

진정한 리더가 되려면 다른 사람들의 자유를 위해 희생할 준비가 되어 있어야만 합니다. (넬슨 만델라)

사랑은 주기 전에는 사랑이 아닙니다. 메마르지 않은 용서와 겸손이 행함으로 나타날 때 사랑입니다. 사랑은 단순한 것이고 사람을 단순하게 만듭니다. (이현청)

낮아지고 작아지는 기적을 낳는 것이 사랑입니다. 상처와 회복의 여정, 그리움을 담고 가는 여정, 그리움지우며 가는 여정, 추억 여정은 사랑의 여정입니다. (이현청)

리더십은 이론이 아닌 100% 실천입니다. 또한 리더는 태어나는 것이 아니라 만들어 가는 것이며 만들어지는 것입니다. (이현청)

5부

# 껍질 벗고 떠나기

우리의 여행은 배움의 여행입니다.

한순간도 학습이 없는 여행은 없습니다.

여행의 끝에도 학습이 있습니다.

새로운 삶이 시작되는 순간에도 학습이 있습니다.

우리의 여행은 배움 위에 또 다른 배움을 쌓는 배움의 성 쌓기입니다.

배우는 것은 눈을 밝히고 귀를 밝히고

입을 다스리는 자기 허물벗기입니다.

우리의 삶의 여행은 약속의 여행입니다.

100년의 여행의 끝은 하늘로 가는 새로운 여행이기 때문입니다.

# 지혜 쌓기

우리는 태어난 순간부터 학습을 시작합니다. 배운다는 것은 새로운 것을 느끼고, 행하고, 실천하는 일이기 때문입니다. 만남학습, 이별학습, 감성훈련, 섬김훈련 등 여러 형태로 우리의 삶 가운데 경험하고 느끼고 행하게 되는 것입니다. 우리 삶의 어느 장소, 어느 순간이든 학습이 아닌 장소, 학습이 아닌 순간은 없습니다.

학습할 때에 삶의 지혜, 나눔의 지혜, 비움의 지혜, 섬김의 지혜를 배우는데 목적을 두는 경우, 그러한 학습은 성공으로 이끌 수 있습니다. 그러나 지식을 위한 암기, 자기를 채우기 위한 경쟁, 남을 이기기 위한 이기심을 키우는 목적을 두는 학습은 끝내 삶의 실패로 이끌 수 있습니다.

• 1등보다 잘하는 자기만의 잠재능력을 개발하는 교육이 중요

합니다.

- 모두 승자가 되는 교육의 참여자가 되는 교육이 중요합니다.
- 아이의 친구가 아이의 스승이 되는 교육이 중요합니다.
- 사람이 되고, 사람을 존중하고, 사람의 인격을 귀히 여기는 교육이 중요합니다.
- 버림과 채움을 분별하는 교육이 중요합니다.
- 용서하고 수용하고 슬기롭게 거절하는 분별력을 키우는 교육이 중요합니다.

삶의 여행 가운데 학습은 언제나 이루어지고 누구에게나 학습할 자격을 요구하지 않기 때문에 누구든, 어디서든, 언제든, 무슨 내용이든, 무슨 방법으로든 학습할 수 있습니다.

어린 시절에는 사람의 기본이 되는 것을 배워야 합니다. 기본이 되는 것은 사람의 도리를 배우는 것이고, 사람됨을 배우는 것을 뜻합니다. 따라서 우리의 여행을 "어떻게 살 것인가?"를 습득하는 시기가 되어야 합니다. 부모로부터, 유치원이나 초등학교 교사로부터 이러한 기초를 배워야 합니다. 어떻게 살 것인가에 대한 기본을 갖추지 못하면 우리의 삶의 여행은 흔들리는 여행이 될 것이기 때문입니다.

미즈타니 오사무의 책인《얘들아, 너희가 나쁜 게 아니야》에서 야간학교 밤거리를 다니던 5,000명의 아이들의 삶을 사랑과 대화로 되찾아준 이야기를 만날 수 있습니다. 이 책에서 우리가 어떻게 살 것인가를 가르치면서 사랑과 대화를 통해 올바른 삶을 되찾아 주었듯이 어떻게 살 것인가를 습득하는 시기에는 부모가 공동학습자가 되어야 하고, 삶 그 자체가 교육의 연속이 되어야 가능한 일입니다. 성 어거스틴의 어머니 이야기를 소개하면, 어느 날 어거스틴의 어머니 모나카가 너무 오래 기도하니까 주위에 있던 분들이 "사연이 무엇이기에 그토록 오래 기도합니까?"라고 물었답니다. 어거스틴의 어머니는 이렇게 대답했다고 합니다. "기도하는 어머니가 있는 한 자식이 망하지 않습니다."

처칠도 어느 날짜 신문에 처칠을 만든 분들이 그를 가르친 교사들이었다고 열거하자 그 뒷날 언론사에 전화해 이렇게 대답했다고 합니다. "아닙니다. 내 어머니가 나를 만들었습니다. 지혜를 주셨으며 기도해 주셨습니다."

이렇듯 어떻게 살 것인가를 가르치는 핵심적 인물은 어머니라는 것입니다. 어머니의 사랑과, 어머니의 이해와, 어머니의 섬김과, 어머니의 눈물과, 어머니의 땀이 있을 때 학습하는 여행의 첫 걸음은 성공한 것입니다. 무엇보다 어머니의 기도는 자녀를 기적을 낳게 하는 인물로 키울 수 있는 원동력이 될 수 있습니다.

중 · 고등학교 시절은 누구와 함께 살 것인가를 학습하는 가장 중요한 시절입니다. 우리의 중 · 고등학교 시절처럼 입시교육에 매몰되면 맑은 영혼과 따뜻한 마음을 기를 수가 없습니다. 누구와 함께 살 것인가의 학습은 친구들과 어울리고, 이웃과 어울리고, 형제들과 어울리는 과정에서 습득될 수 있습니다. 이웃도 없고, 진정한 친구도 없고, 형제들마저 벽을 쌓고 산다면 누구와 함께 살 것인가를 학습할 수 있는 여행이 될 수 없습니다. 그들과 함께할 때 다른 사람들과 함께 살 수 있는 지혜와 예절과 감성을 배울 수 있기 때문입니다.

구치소에 수감된 고등학교 1학년 여고생의 경우, 친구와 이웃과 사회와 격리되어 혼자됐을 때 그녀는 누구와 함께 살 것인가를 학습할 수 있는 여행이 중단된 것입니다. 그 여고생을 상담한 상담사가 아무와도 관계를 할 수 없는 상황에서 어떻게 살아가느냐고 물었을 때, 이렇게 대답했다고 합니다. "창을 통해 계절의 변화를 보고 세상변화를 배웁니다." "구치소에 오기 전에 만났던 친구들의 말을 되새기며 관계를 배우고 있습니다." "옛 생각들을 통해 다시 관계를 하고 있습니다."

그녀가 말한 가장 중요한 것은 곁에 누군가 있다는 것이 얼마나 행복한 일인가 하는 것입니다. 말할 수 있는 상대가 있다는 것은 얼마나 감사한 일인지 모릅니다. 자기를 알아주는 사람이 있다는 것은 얼마나 행복한 일인지 모릅니다. 자기가 좋아할 수 있는 사람이 있다는 것은 얼마나 가슴 부푼 일인지 모릅니다. 이렇듯 누구와 함께 살 것인가는 굉장히 중요한 학습의 여행이기도 합니다. 누구와 함께 살 것인가는 사람들과의 관계를 통해 배우지만, 때론 홀로 됐을 때 자연과 자기영혼과 절대자와의 대화를 통해 진정으로 누구와 함께 살 것인가를 배울 수 있습니다.

별들은 1,000억 개가 된다고 합니다. 그 별 하나와 대화하는 것만으로도 누구와 함께 살 것인가를 배울 수 있습니다. 지구로 오는 별빛은 50년 동안 와서 비추는 것입니다. 이 귀한 별빛과 대화하는 것은 누구와 함께할 것인가를 학습하는 좋은 예이기도 합니다.

대학시절의 학습하는 여행에는 늘 학문과 사랑과 고독과 자유가 함께하는 시간입니다. 흔히 대학시절은 자기가 자기를 알 수 없는 시기라고 합니다. 반대로 흔히 대학시절을 자기가 자기를 가장 잘 아는 시기라고도 합니다. 그러나 삶의 여행은 순간에 머물다 영원으로 가는 것이 아니듯 대학시절의 학습여행 또한 한 순간이 영원할 수 없습니다.

대학시절은 목마른 시기이기도 합니다. 때로는 가난에 쪼들리기도 하고, 미래의 막연함 때문에 불안이 쌓이기도 하고, 그리워하는 연인 때문에 슬프기도 하고, 취업 때문에 안타까워하는 시기이기도 합니다.

대학시절에는 "무엇을 할 것인가?"를 학습하는 여행의 시기입니다. 무엇을 할까, 무엇을 먹을까, 무엇을 입을까에 대해 걱정하지 말라고 했지만 대학시절에는 그 무엇보다 이러한 문제들이 가장 중요한 문제들이 되기도 합니다. 특히 전공을 선택하여 일생동안의 직업을 선택하는 일이 중요합니다. 이 시기에는 친구가 스승이 되기도 하고 스스로 스승이 되는 시기이기도 합니다. 이 시기에는 학습을 하더라도 늘 동료들과의 교류와 동료들의 조언과 동료들과의 나눔이 중요합니다. 그러나 항상 중요시해야 하는 것은 김봉국이 쓴《승자의 안목》이라는 책에서 "승자의 주머니에는 결단이 있고 패자의 주머니에는 후회가 있다."라고 했듯이 이 시기에는 무엇을 할 것인가에 대한 큰 결심을 해야 합니다. 그럴 때만 무엇을 할 것인가를 선택할 수 있습니다. 일생을 자신의 잠재력과 전문성과 전공을 기반으로 값진 삶을 살 수 있는 선택이기 때문입니다.

무엇을 할 것인가를 위해 삶을 살아가는 여행은 방황하는 여행이 돼서는 안됩니다. 무엇을 할 것인가와 누구와 함께 살 것인가의 선택과 무관하지 않기 때문입니다. 대학은 무엇을 할 것인가에 대한 가장 귀중한 시험장이자 자기와 직면할 수 있는 값진 시간입니다. 자신을 위해 마음껏 투자하고, 자신과 많은 대화를 하고, 주변의 사람들과 많은 교류를 함으로써 참된 자기의 모습과 참된 자기할 일을 발견할 수 있는 귀한 시간이기 때문입니다.

EBS 교육방송의 〈왜 우리는 대학에 가는가〉라는 6부작이 방영된 적이 있습니다. 이 방송에서 다룬 "왜 우리는 대학에 가는가"라는 질문에 대해 대학은 성공이력서를 채우기 위한 곳이 아니고, 세상의 경쟁에서 이기기 위한 수단도 아니며, 자신이 걷고 있는 삶의 여행의 꿈을 향한 과정이라는 것입니다. 그러나 우리나라 대학은 외우는 곳이고 질문을 잃어버린 곳이라는 것을 상기시키고 있습니다. 교수의 강의를 조용히 앉아 경청하는 곳입니다. 이 방송에서는 학생들을 모아놓고 실험을 했다고 합니다. 사람이 일생에서 인생의 꿈과 행복에 대한 생각이 이루어지는 시기는 언제인가? 운동장, 교실, 도서관에서 공통적으로 지켜야 할 규칙은 무엇인가? 꿈을 향해 나아가는 과정에서 어려움이 생기면 어떻게 할 것인가? 그러나 질문에 답을 제대로 한 사람은 거의 없었다고 합니다.

인생의 꿈과 행복을 이루는 시기는 중학교 시기이고, 운동장에서 지켜야 할 규칙은 오른쪽으로 걷기이며, 꿈을 향해 나아가는 과정에서 어려움이 생기면 어떻게 해결해야 하는지에 대한 답은 생각해 보지 않고 외우지 않은 질문이기 때문에 답을 할 수 없다는 것이었습니다. 초 · 중 · 고등학교에서 외운것들을 까먹으면 답을 할 수 없다는 것입니다.

미국 오바마 대통령이 한국을 방문해서 기자들에게 질문하는 시간을 주었다고 합니다. 그 때 특별히 한국 기자들에게 질문권을 줬지만 선뜻 손을 들어 질문하는 사람이 없어 중국 기자에게 질문권을 넘기고 말았다고 합니다. 이것은 우리 한국 사람들이 대학에서나 초 · 중등학교에서 질문을 하지 않고 강의만 앉아 듣는 경우가 많기 때문일 것이라는 추측입니다.

우리나라 대학은 질문을 잃어버린 학생, 틀에 박힌 수업을 하는 교수, 취업준비를 하는 목적. 이 세 가지가 대학의 본질이 되고 만 셈입니다. 이제 대학을 가는 이유는 꿈과 낭만과 자기도전, 이웃에 대한 나눔과 참 스승을 만나는 것, 그리고 삶을 어떻게 살 것인가와 무엇을 하며 살 것인가를 정리하는 목적이 되어야 합니다. 그래서 대학은 대학생활을 즐기는 곳이어야 하고, 젊음의 내음과, 젊음의 꿈과, 젊음의 도전이 있는 곳이어야 합니다.

# 시련 쌓기

성경에 보면 애굽땅에서 하나님께서 베풀어주신 노예해방을 맞아 홍해가 갈라지는 기적을 경험한 이스라엘 민족은 광야에서 40년을 방황하게 됩니다. 지도자 모세가 하나님께 간절히 기도해도 이스라엘 민족은 이를 귀히 여기지 않고 자신들의 욕심과 안위와 편안함 때문에 첫 마음을 버렸기 때문입니다.

공자는 무엇을 하든, 어디를 가든 온 마음을 다하면 못할게 없다고 했습니다. 이렇듯 우리 삶의 여행에서 최선을 다하지만 때로는 뜻대로 되지 않고 하는 대로 결실을 맺지 못해 힘들 때가 있습니다. 성경에서 얘기한 이스라엘 민족처럼 삶의 여행 가운데도 광야를 방황하는 때가 있을 수도 있습니다. 특히 모든 광야의 생활은 주변의 탓이나 남의 탓이 아니고 환경의 탓도 아닌 경우가 많습니다. 오히려 자신의 탓인 경우가 많습니다.

불란서 100만인들의 마음의 주치의로 불리는 크리스토프 앙드레는《안고 갈 사람, 버리고 갈 사람》이라는 책에서 민폐형 인간들의 특성을 얘기하고 있습니다. 민폐형 인간들은 많은 경우 스스로 광야를 걷는 삶을 자초하는 경우가 많습니다. 민폐형 인간의 특성으로 지적하고 있는 것을 보면 부정적인 생각, 편집성 인격, 스트레스에 과민반응하는 사람, 공격적인 사람, 자기도취형 사람, 가면을 쓴 인격자들이라고 합니다. 우리가 광야를 걸을 때, 항상 잊어서는 아니 될 일이 "승자의 주머니에는 결단이 있지만, 패자의 주머니에는 후회가 있을 뿐입니다."라는 말을 늘 가슴에 담아야 한다는 것입니다. 삶은 정상에서 계곡으로, 평탄한 길에서 험난한 길로, 꽃밭에서 광야로 오고가는 여행입니다. 광야를 걷는 여행은 고달프고 힘들고 좌절감에 빠질 수 있지만, 광야를 걷는 여행을 통해 우리는 더 강해지고, 더 겸손해지고, 더 아름다워지고, 더 너그러워질 수 있습니다. 광야를 걷는 삶의 여행은 우리들로 하여금 자신과 함께 묵묵히 걷게 하는 시기이기도 합니다. 진정으로 자신의 능력과 자신의 모습을 찾아볼 수 있기 때문입니다.

라스베이거스에 가면 세계적으로 알려진 도박장들이 즐비하다고 합니다. 1년에 이 도박장에서는 몇 명이 수백만 불을 따거나 어떤 경우 천만 불까지도 딴다고 합니다. 그러나 이러한 몇 명을 제외하고는 모든 사람들이 다 돈을 잃게 된다는 것입니다. 어떤 기자가 라스베이거스에 큰 도박장과 호텔, 극장을 가진 재력가에게 물었다고 합니다. "1년에 수백만 명이 라스베이거스를 방문하고 돈을 쓰고 가는데 그 비결이 무엇이라 생각합니까?"라고 물었다고 합니다. 그 재력가는 자신의 호텔방에 위치한 사무실로 이 기자를 안내하여 자기 책상 뒤에 걸려있는 커튼을 걷었다고 합니다. 그 뒤에는 깡통을 찬 초라한 한 노인이 사막을 걸어가는 모습의 그림이 나왔다고 합니다. 이 재력가는 기자에게 이 그림처럼 많은 도박을 즐기는 사람들이 일확천금의 꿈을 안고 라스베이거스를 방문하지만 이 그림에서처럼 결국은 다 잃고 사막을 걷는 모습과 같이 된다는 것을 고백했다고 합니다.

광야를 걷는 우리의 모습은 일확천금을 얻기 위한 허황된 삶의 여행을 하는 것처럼 삶을 경건하게 살지 않고 도박하는 심정으로 살 때의 모습인 것입니다.

광야는 언제나 우리 곁에서 우리를 기다리고 있습니다. 그러나 광야를 불행히 만났을 때 빨리 광야를 벗어나는 지혜와 광야를 걸을 때 자신과 만나 새로이 거듭나는 지혜를 배워야 합니다. 광야는 삶의 여행 가운데 곳곳에 있습니다. 그러나 일생동안 한 번도 광야를 만나지 않고 광야를 피해갈 수 있는 길은 없습니다. 다행히 피해간다고 하면 행복한 삶이 될 것입니다. 그러나 광야를 만나도 불행한 삶이라 말하지 마십시오. 광야는 우리들에게 꼭 필요한 자기 단련의 시간이고 새로운 도전을 일깨우는 시간이고 이웃과 세상과 과거를 되돌아보게 하는 훈련의 시간이기 때문입니다.

광야를 걷는 삶을 산 분들을 보면 한결같이 자신과의 싸움을 했다고 말합니다. 월남전에서 포로가 되어 가장 긴 시간, 수년 동안 포로생활을 했던 미국병사는 긴 광야의 시간동안 자기가 사랑하는 조국, 미국을 생각하며 미국과 미국민들이 자기를 버리지 않을 것이라는 희망을 가지고 견뎠다고 합니다. 희망을 버리지 않으면 광야는 자기를 강하게 하는 연단의 시간이 될 수도 있습니다. 그가 미국 땅에 다시 돌아왔을 때 제일 먼저 한 일은 비행기 트랩에서 내려 납작 엎드려 조국의 땅, 미국 땅에 키스를 하는 일이었습니다. 이처럼 조국에 대한 사랑과, 조국에 대한 믿음과, 살아야겠다는 신념이 광야를 벗어나게 한 원동력이 된 것입니다.

흑백갈등을 화합으로 이끈 남아공화국의 넬슨 만델라 역시 27년간의 감옥생활에도 불구하고 고질적인 남아공화국의 흑백갈등을 해소하는 큰 역할을 했습니다. 그는 광야의 긴 터널기간동안 평화와 화해와 용서를 배운 것입니다. 그의 평화와 용서는 훗날 남아공 대통령이 되었을 때 화해를 이룰 수 있었고, 노벨평화상을 수상할 수 있게 한 계기가 된 것입니다. 광야는 위대한 성취를 하는 밑거름이 되는 삶의 여행이기도 한 이유입니다.

미국의 유명한 ABC뉴스 앵커인 테드 카펠이 1980년 크리스마스이브에 크리스마스 분위기에 들뜬 모든 사람들에게 아래와 같은 말을 하며 프로그램을 끝냄으로써 모두를 숙연하게 한 적이 있습니다.

"……우리 모두 지금 크리스마스를 맞아 기쁨을 누리고 있는
이 시간에 세계의 여러 곳에서 아픔을 안고 있는 이들이
너무 많다는 사실을 기억합시다.
특히 소련의 솔제니친, 폴란드의 바웬사, 한국의 김대중
그리고 남아프리카공화국의 넬슨 만델라를 위해
우리 모두 기도합시다……."

테드 카펠이 언급한 이 모든 이들은 그들의 인생에서 광야를 걷고 있는 사람들이었습니다. 모두 감옥에서 광야를 걷고 있는 사람들이었습니다. 이들은 이후 광야에서 현명하고 슬기롭게 긴 터널을 벗어난 후 노벨평화상과 노벨문학상을 수상한 사람들입니다.

넬슨 만델라는 광야의 터널을 거치는 동안 부인 위니 만델라에게 보낸 편지에서 "몇 몇 사람들은 역경 앞에 무너지지만, 어떤 사람들은 그 역경으로 만들어 집니다. 아무리 날카로운 도끼날일지라도 이 죄인의 영혼까지 벨 수는 없습니다. 포기하지 않고, 끝내 일어서리라는 희망과 함께하는 한 영원을 벨 수는 없습니다." 라고 말했듯 광야에서도 희망과 용기와 담대함을 가질 때, 결코 실패한 삶이 되지 않습니다.

알렉산드르 솔제니친 또한 "사람이란 인간이라는 마음을 단련하여 갈고 닦는 것을 노력하지 않으면 안 됩니다. 그래서 그로 인하여 국민의 작은 한 알이 되지 않으면 안 됩니다." 라고 말하며 마

음의 단련과 자기연단을 중요시 했습니다.

광야는 많은 위험과 많은 고통이 수반되는 곳입니다. 그러나 광야는 희망과 용기의 샘물이 솟아나는 곳이기도 합니다. 광야를 두려워하지 마십시오. 광야는 또 다른 평탄한 길과 아름다운 꽃길을 예비하는 학습장이기도 합니다. 광야는 빛나는 별빛을 볼 수 있는 특권을 주는 곳이기도 하고 속임 없는 바람과 햇빛과 들풀과 모래와 흙 등을 느낄 수 있는 곳이기도 합니다. 광야를 통과할 때, 우리는 우리의 과거를 반성하고 주어진 현재를 감사하고 다가올 미래를 꿈꾸는 자세가 필요합니다.

# 기쁨 찾기

우리 인간은 제일 먼저 불쾌의 감정을 배웁니다. 그리고 우리 삶의 여행 가운데 기쁨이나 환희의 순간보다는 고민과 고통, 불쾌의 시간들이 더 많습니다. 그러나 가끔 찾아오는 기쁨과 환희의 순간은 우리 삶의 여행에서 가장 값진 순간들이기도 합니다.

헨델의 곡 중에서 '메시아'라는 곡이 있는데 메시아 곡의 가장 중요한 부분은 '할렐루야' 부분입니다. 이 부분은 찬양과 경배와 환희의 혼합이라고 볼 수 있습니다. 이 곡이 연주되는 할렐루야 부분에서는 콘서트에 참석한 모든 사람들이 기립하여 감격과 감사가 넘치는 순간을 즐깁니다.

우리 삶의 여행 가운데 기쁨과 환희의 순간은 그리 많지 않지만 그 순간은 우리 삶에 커다란 흔적으로 남기 마련입니다.

미국의 나이아가라 폭포나 그랜드캐니언을 찾는 사람들의 경우에는 자연의 위대함과 웅장함과 거대함 때문에 우리 인간이 얼마나 왜소한 존재이고 보잘 것 없는 존재인지 알게 되고 자연 앞에 겸손해 진다고 합니다. 그와 동시에 이 거대한 자연경관에 매몰되어 이루 말로 표현할 수 없는 경외감과 기쁨과 환희를 맛본다고 합니다.

기쁨은 기쁨을 낳고, 환희는 자신을 재충전하는 에너지원이 되기도 합니다. 부모는 자식이 잘 되었을 때, 기쁨과 환희의 순간을 맞고, 인간들은 어떤 위대한 성취나 자신의 목표를 달성했을 때 기쁨을 얻습니다.

스포츠 스타들이나 배우, 정치인과 대중을 상대하는 직업인들은 팬들의 환호와 열광에 스스로 기쁨과 환희를 느낀다고 합니다. 환희를 느낄 때 이들은 재충전을 받고 자신의 전문성을 더 키우기 위해 노력하는 원동력이 된다고 합니다.

링컨 대통령이 남북전쟁에서 승리하고, 흑인노예를 해방시켰을 때 대통령으로서 가장 보람되고 큰 기쁨을 누렸다고 합니다. 설리반 선생님은 헬렌 켈러가 물을 처음 알게 됐을 때 환희에 찬, 억제할 수 없는 기쁨을 누렸다고 합니다. 장애인 자녀를 가진 부모가 보통 아이들은 이미 다 습득한 내용을 자신의 자녀가 습득한 것을 보고 기뻐할 때 이들은 환희를 느낀다고 합니다. 말을 못하는 아이가 어느 날 갑자기 어눌한 말로 "압 압…."하는 소리를 냈을 때 그 부모는 큰 희망을 발견하고 환희에 차 어쩔 줄 몰라 한다고 합니다.

기쁨과 환희는 큰 것에서 오는 것이 아닙니다. 더구나 큰 결과에서 오는 것은 더 더구나 아닙니다. 환희와 기쁨은 언제나 우리 곁에 있고 우리와 함께 있는 것입니다. 마음만 바꾸면 우리는 언제나 기쁨의 삶을 살 수가 있습니다. 기쁨의 삶의 여행을 할 때 우리의 삶은 긍정적인 삶의 여행이 되고, 할 수 있다고 생각하면 할 수 있게 되며, 기뻐하는 것을 찾게 되면 감사와 기쁨의 일밖에 없게 되는 것입니다.

어느 사형수의 일기에서 언제, 어떻게 죽을지 모르는 고통을 견디어 낼 수 있었는가를 묻자 이렇게 대답했다고 합니다. "작은 공간, 아무도 없는 공간에서 내 스스로 할 수 있는 일이란 아무것도 없었습니다. 그러나 내 마음에 솟아오르는, 버리지 않은 희망의 끈은 늘 기쁨으로 다가왔습니다."라고 고백했다고 합니다. 그리고 어느 날은 조그마한 창문 너머로 햇빛이 비쳐줘서 기뻤고, 더운 어느 날은 비가 내려주어 시원함을 주어서 기뻤고, 어떤 날은 배식하는 밥 속에 유난히 큰 콩이 몇 개 더 들어 있어서 기뻤다고 합니다.

이렇듯 기쁨과 환희는 우리 삶 속 먼 곳에 있는 것이 아닙니다. 기쁨의 마음으로 보면 우리 삶의 여행에서 기쁨은 정말 많습니다. 찾으면 찾을수록 기쁨 투성이입니다. 그러나 주변에서 쉽게 찾을 수 있는 기쁨을 외면하고 큰 기쁨, 큰 환희를 찾는 우리의 삶은 결국 기쁨대신 슬픔을, 환희대신 좌절을 가져다 줄 수 있는 위험이 있습니다.

복음성가 중에 "할 수 있다 하는 이는 나의 주 하나님……."이라고 하는 성가가 있습니다. 할 수 있다고 하면 할 수 있는 것입니다. 기쁘다 하면 기쁨을 찾을 수 있고, 기뻐지는 것입니다. 기쁨이 모이고, 또 모이면 환희로 다가오는 것입니다. 우리는 사랑받기 위해 태어난 사람들입니다. 마찬가지로 우리는 기쁨과 환희와 함께 하는 삶의 여행을 하기 위해 태어난 사람이기도 합니다.

흔히 가진 것이 많으면 걱정거리도 많고, 아는 것이 많으면 걱정거리가 많다고 합니다. 기쁨과 함께 하는 삶의 여행을 하기 위해서는 우주를 품는 너그러운 마음과 하루하루가 감사하고 값진 것이라는 마음을 지키는 일이 중요하다고 합니다.

마음을 지키기 위해서는 우선 살리는 말을 해야 되고 죽이는 말을 해서는 안 된다고 합니다. 죽이는 말을 하는 일은 기쁨을 멀리 하는 일입니다. 살리는 말을 할 때 기쁨은 전파된다는 것입니다.

마음을 어떻게 가지느냐에 따라서 기쁨의 여행이 되느냐, 슬픔의 여행이 되느냐가 결정된다고 합니다. 마음을 지키려면 기쁨부터 채우는 일이 중요하다고 합니다. 기쁨부터 채우는 일은 자기를 내려놓고, 아름답고 귀하며 선하고 깨끗한 것으로 마음을 채우게 되면 어린아이처럼 기쁨과 함께하는 삶의 여행으로 인도할 수 있다는 것입니다.

어린 아이들의 경우나 순수한 사람일수록 작은 일에도 기쁨을 느낀다고 합니다. 어린 아이들이 쉽게 화내고, 쉽게 울고, 쉽게 좌절하듯이 어린 아이들은 쉽게 기뻐하기도 합니다. 어린 아이들은 어른들보다 훨씬 순수한 편이므로 기뻐하는 시간도 슬퍼하는 시간도 어른들보다 훨씬 많다는 것입니다. 그러나 기뻐하는 시간이 더 많다는 것입니다.

기쁨이나 환희와 함께하는 삶의 여행이 되기 위해서는 이처럼 어린아이와 같이 순수함을 가지라고 말하고 싶습니다. 프란시스코 교황이 성직자들에게는 엄하고, 가난하고 병들고 소외된 이웃과 장애인들에게는 자비를 베풀며 어린 아이들을 유독 좋아하는 이유도 섬기고, 베풀고, 돌보고, 화해하는 삶을 통해 기쁨을 누리기 위한 교훈입니다. 섬김과 베풂과 화해는 기쁨과 함께하는 삶으로 인도하는 지름길이기 때문입니다. 교황이 어린 아이를 좋아하는 것은 이들이 순수한 사랑의 대상이기도 하기 때문입니다. 그리고 거짓과 남을 억누르는 일과 반목을 하는 대상들이 아니기 때문이기도 할 것입니다.

프란시스코 교황이 떠난 날 여러 신문에 게재된 소위 '교황의 행복 10계명'을 보면 우리의 삶의 여정에서 기쁨과 환희와 함께하는 여행의 교훈들을 알 수 있습니다. 아마 이 신문들에서 게재한 소위 10계명은 교황이 한국 방문 때 여러 미사에서 강론을 한 내용들을 발췌한 것 같지만 이 내용들은 모두 기쁨과 함께할 수 있는 삶의 규범들이라고 볼 수 있습니다. '교황의 행복 10계명'은 이렇습니다.

- 다른 사람의 삶을 인정하십시오.
- 관대해지십시오.
- 겸손하고 느긋한 삶을 살아가십시오.
- 식사 때 TV를 끄고 대화하십시오.
- 일요일은 가족과 함께 보내십시오.
- 청년에게 좋은 일자리를 만들어 주십시오.
- 자연을 사랑하고 존중하십시오.
- 부정적인 태도를 버리십시오.
- 자신의 신념과 종교를 강요하지 마십시오.
- 평화를 위해 노력하십시오.

행복이 우리 안에 있듯 기쁨도 우리 안에 있으며 이러한 기쁨과 행복을 나누며 쌓아갈 때에 환희는 우리에게 선물로 다가오는 것입니다. 기쁨을 좇기 위해 삶을 낭비하지 마십시오. 행복을 위해 많은 희생을 하지도 마십시오. 순간의 환희를 위해 자기를 버리지도 마십시오. 기쁨과 환희와 행복은 언제나 자신의 선택 속에 있고 가장 가까이에 있습니다. 걸을 수 있다는 것만도, 볼 수 있다는 것만도, 먹을 수 있다는 것만도, 앉아 있을 수 있다는 것만도 모두 감사이고 기쁨이기 때문입니다.

# 자기 버리기

삶의 여행에서 우리는 앞을 보지 못하고, 옆을 보지 못하고, 마치 눈이 보이지 않은 사람처럼 사는 시기가 있습니다. 생애 발달 심리학자들은 우리는 삶의 단계를 거치는 과정에서 태어나서부터 노년기에 이르기까지 각 단계에 따라 하는 일이 다르고 생각과 소원도 다르다고 합니다. 융(Jung) 같은 심리학자는 인생을 전반부와 후반부로 나눠서 전반부의 관심은 성(사랑)이고 후반부의 관심사는 사(죽음)라고 설명합니다.

우리는 삶의 여행 가운데 삶에 지쳐서, 무엇에 집착해서, 욕심 때문에 삶의 과정 중 세 번의 문맹기를 맞게 됩니다. 첫 번째 눈멀음은 청소년기에 이르기까지의 삶의 여행입니다. 이 시기에는 세상을 너무 알지 못하기 때문에 어리석고 잘못된 삶을 살 수 있습니다. 바로 보지 못하고, 바로 듣지 못하고, 바로 관계하지 못하기 때문입니다.

두 번째 눈멀음은 성인기에 경험하게 됩니다. 세상의 일에 너무 집착하게 되어 눈이 멀고 귀가 어두워지게 되는 문맹입니다. 세상의 명예, 지위, 학식, 경제적인 부에 너무 집착한 나머지 과거의 지혜도 활용하지 못하고 미래도 올바르게 바라보지 못하는 어리석은 삶의 여행을 하게 됩니다. 청소년기까지는 알지 못하고 미래에 너무 집착한 나머지 삶을 제대로 살지 못하는 잘못을 저지른다고 한다면, 성인기에는 세속적인 욕망에 가려져 과거의 지혜도, 미래를 헤아리는 지혜도 보지 못하는 삶을 살기 때문입니다.

세 번째 눈멀음은 현실에 대한 욕망은 비교적 적은 대신 지나간 과거에 대한 향수와 추억에 얽매어 과거에만 집착하게 되는 삶의 여행입니다. 노년기에는 미래가 없으므로, 현재에 주어진 사회적 역할이 없으므로 미래를 보지 못하고 의미 없는 삶을 사는 경우가 많기 때문입니다.

삶의 여행 가운데 세 번의 문맹을 제대로 극복하고 현명하게 살 때 우리의 삶은 낭비 없는 삶이 될 것입니다. 젊었을 때의 문맹은 미래를 믿고, 젊음과 건강을 믿고, 할 수 있다는 희망을 믿고 삶 앞에 경건하지 못하기 때문에 일어날 수 있습니다. 성인기의 문맹은 젊을 때의 문맹과 달리 너무 현실적이고 현실에 매몰되어 과거와 미래를 제대로 볼 수 없어 삶에 지쳐 살기 때문에 일어날 수 있습니다. 노년기의 문맹은 미래도 분명치 않고, 현실도 뜻대로 허락

되지 않고, 과거의 흔적을 되새기는데 더 관심을 쏟을 수밖에 없어 일어날 수 있습니다. 생애 과정에서 필히 겪게 되는 세 번의 문맹은 자신의 삶에 대한 지나친 집념 때문에 나온 결과이며 자신에 의해 자기 것으로 만들며 가지려는 것에서 비롯된 결과입니다.

가장 무서운 문맹은 자기 자신을 올바로 보지 못하는 문맹입니다. 젊은이들처럼 '내일이 있다.'라고 생각하고 내일, 내일하며 사는 삶도 문제이지만 '오늘뿐, 오늘뿐이다.'라며 사는 성인기의 삶의 형태도 올바른 것만은 아닙니다. 더구나 노년기를 의미없이 생각하는 삶 또한 올바른 것은 아닙니다. 젊음이 있었으므로 성인기가 있고 성인기가 성숙했으므로 노년기가 있는 것입니다. 노년기는 퇴보가 아니라 새로운 성장이며, 성장의 멈춤이 아니라 제3의 새로운 시작인 것입니다.

인디안의 속담에 '어제는 타버린 재이고, 내일은 태울 수 있는 재가 아니며, 오늘은 활활 타는 활화산'이라는 말이 있습니다. 어제도 오늘처럼 활활 타는 시간이었고 내일도 활활 태울 수 있는 재목이며 오늘은 활활 타는 활화산 같은 삶인 것입니다.

우리는 삶을 사는 동안 우리 나름만의 육체를 얻게 됩니다. 모양도 다릅니다. 아름다움도 다릅니다. 크기도 다릅니다. 색깔도 다릅니다. 성도 다릅니다. 이처럼 다른 모습으로 사는 동안 세 번의 문맹을 통해 우리의 끝 모습이 달라지게 됩니다.

아름다움을 영원히 간직하고 있는 사람, 아름다움을 추함으로 바꾸며 사는 사람, 아름다움을 위대한 아름다움으로 바꾸는 사람 등 많은 사람들의 여행 가운데 세 번의 문맹은 우리를 버리고 삶 앞에 경건할 때 아름답게 극복해 나갈 수 있습니다.

우리 한 사람 한 사람은 상품이 아니라 작품입니다. 우리 모두는 다르게 창조된 작품입니다. 상품이 되려 해서는 안됩니다. 상품이 되어 가치를 높이려고 좋은 학교, 좋은 직장, 예쁘고 멋진 외모를 가지려 하고 소위 세상에서 원하는 스펙을 쌓으려고 발버둥치는 삶은 각각 고유하고 특수한 작품으로 태어난 우리를 모독하는 일이기도 합니다. 작품은 작품으로 영원한 가치를 지니는 것입니다. 우리는 가장 아름답고 가장 값지게 태어난 작품입니다.

실패한 삶이든 성공한 삶이든 삶 속에서 실수라고 하는 것은 있을 수 없습니다. 잘못할 때도 있습니다. 일을 망치는 경우도 있습니다. 자신을 욕되게 하는 경우도 있습니다. 그러나 이 모두 삶의 한 부분 부분들입니다. 그러므로 삶에서 실수라는 것은 있을 수 없습니다. 다만, 이러한 시행착오와 실수를 통해 또는 실패를 통해 배움을 얻을 수 있고 성장이 가능합니다.

삶을 사는 동안 배울 것이 없는 어떤 순간도, 어떤 삶의 여행도 없습니다. 생존하는 한 삶은 계속되고 그 삶 속에는 자신이 있고 배움이 있기 때문입니다. 따라서 우리의 삶의 여행 가운데 세 번의 문맹은 배움과 삶이 함께하는 가장 중요한 부분이기도 합니다.

그러나 기억하십시오. 삶은 연습이 없습니다. 한 번 주어진 삶은 때가 되면 거두어 가기 마련이므로 어느 순간 하나 허비할 여유가 없습니다. 삶 앞에 겸허하지 않는 사람은 실패하기 쉽습니다. 또한 삶 앞에 너무 자신 있는 사람도 헛된 것에 시간과 정력을 낭비할 수 있습니다. 세 번의 문맹이 우리가 거쳐야 할 삶의 과정이라고 한다면 삶이 아름다울 때는 감사하며 아껴야 하고, 기쁜 일이 있고 자랑스러운 일이 있을 때는 더욱 겸손해야 하기 때문입니다.

이 지구상에 학업이 우수하고 빼어나서 성공한 사람들보다는 학교 성적은 대단치 않으나 삶에서 세 번의 문맹을 슬기롭게 극복한 사람들이 성공한 경우가 많습니다. 어떤 사람은 생애 과정동안 세 번의 문맹이 아니라 더 많은 문맹자 같은 삶을 사는, 어리석음을 갖고 사는 사람도 있습니다. 청소년기까지의 문맹을 경험하는 때에는 성인과 같은 문맹을 선택하기도 하고, 성인기와 같은 시기에는 청소년기까지의 문맹을 경험하는 경우 때문입니다. 일종의 사회적 역할과 사회적 감성과 함께하는 삶을 망각하는 삶을 선택하는 것이지요. 어른이면서 청소년 같은 삶의 형태를 살고, 사고를 하고, 행동을 하는가 하면 청소년기에는 청소년다운 내음과 가치를 가지기 보다는 너무 성인다운 행동과 자기통제를 하기 때문입니다. 노년기에 접어들어서도 노년다운 행동과 가치와 감성을 지니기보다는 청소년기의 사고와 성인기의 행동패턴을 갖게 될 경우, 사회적 부적응과 함께 삶의 여행에서 독특한 면모를 보이게 됩니다. 결국 매우 예외적인 삶의 여행자가 되는 것이지요.

삶의 여행 가운데 연령이나 시대 혹은 개인적 생애 단계에 따라 다소 차이가 있을 수 있지만 오늘을 제대로 보지 못하고 내일이나 어제만을 바라보는 사람은 '삶의 문맹자'임에는 틀림없습니다. 그러나 어제는 지혜를 주고 미래는 희망과 용기를 주기 때문에 미래에 잡힌 문맹이나 과거에 잡힌 문맹은 모두 부정적인 면만 있는 것은 아닙니다. 삶의 여행은 어제, 오늘, 내일의 용광로와 같은 것입니다.

# 끝과 또 다른 시작하기

우리의 삶의 여행은 알 수 없는 길을 가는 여행입니다. 그러나 삶의 여행은 우리는 알 수 없지만 예정된 여행이기도 합니다. 우리 모두의 여행은 끝이 있고 끝으로 가는 여행입니다. 끝이 있은 다음에는 새로운 시작을 하는 또 다른 여행을 하게 됩니다. 산다는 것은 알 수 없고, 자기 뜻대로 할 수도 없지만 끝 또한 동일하게 모두의 마지막 여행지가 되는 것입니다. 우리의 삶은 대략 100여 년 동안의 끝으로 가는 여행입니다. 특히 발달단계의 가장 마지막에 해당하는 후기 성인기의 삶의 여행은 많은 생각을 하게 만듭니다.

피터 드러커는 90세에 그의 많은 저술 중 가장 값진 저술을 남겼다고 합니다. 어느 기자가 피터 드러커에게 "선생님 저서 중에 가장 역작이라고 생각하시는 것이 무엇입니까?"라고 물었을 때 그는 "다음에 나오는 저서가 가장 값진 저서이다."라고 얘기했다고 합니다. 그의 약속대로 그는 90세에 《Next Society》라는 저서를 출간했습니다.

요한 웨슬리 목사 역시 80세가 넘어 가장 값진 하나님의 사역을 하였으며 한국의 현존하는 목사 중 가장 연세가 많은 104세의 방지일 목사는 2014년에 소천하기 전까지 설교를 하셨습니다.

지미 카터는 《나이 드는 것의 미덕》에서 나이 들어감은 새로운 세계로의 도입을 의미한다고 말하고 있습니다. 이렇듯 우리의 100년의 삶은 끝으로 가는 여행이지만 끝이 없는 여행이기도 합니다. 과거, 현재, 미래는 진정으로 하나입니다. 이 모두 오늘의 현재인 것입니다.

에릭 프롬의 말처럼 한 개인이 그의 생애 여행 가운데 생산적으로 사랑할 수 있다면 자신을 사랑하는 것입니다. 그리고 만약 타인만 사랑할 수 있다면 전혀 사랑할 수 없는 것입니다. 우리의 삶의 끝은 어떻게 보면 제 3의 인생기라고 볼 수 있습니다.

에릭슨의 생애 발달 단계에 의하면 우리는 7단계에 해당하는 생산성과 침체성의 과제를 안고 있으며 8단계의 자아통합성과 절망감의 과제를 안고 있는 것입니다. 지난 삶의 판단을 어떻게 하느냐에 따라서 이 마지막 삶의 여행은 생산적일 수도 있고, 자아 통합적일 수도 있습니다. 소외감이나 허무함을 극복하기 위해 취미활동을 하는 노력과 죽음에 대해 적응하는 과제를 잘 수행하면 끝으로 향하는 삶의 여행은 결코 사라지는 여행이 아니라 새로 시작하는 여행이 될 것입니다. 특히 생애 발달 7단계와 8단계는 평생 습득된 지식과 의견과 통찰력의 창고역할을 하는 시기이기 때문에 결코 퇴화나 퇴보의 시기는 아닙니다.

헤밍웨이의 《노인과 바다》에 이런 말이 나옵니다. "직업에는 은퇴가 있어도 인생에는 은퇴가 없습니다. 황혼의 나그네길 보다 정상을 향해 가는 순례자의 길입니다. 따라서 희망을 갖지 않는 것은 어리석습니다. 희망을 버리는 것은 죄악입니다." 여기에서 볼 수 있듯 희망을 버리지 않는 삶은 새로운 삶으로 인도하는 첩경이 되기도 합니다.

노년기 삶의 여행이 끝이 아니라 새로운 시작임을 보여주는 7계명이 있습니다. 하버드 대학의 성공적인 노년기의 삶을 7계명을 보면 다음과 같습니다. 이 7계명은 우리의 마지막 여행의 과제는 늙지 않는 것이 아니라 잘 늙는 것이라는 것을 알려줍니다.

- 타인에 대한 배려
- 새로운 사고에 대한 적극성
- 감사하는 마음
- 독립적인 생각
- 유머감각과 창조성
- 과거에 대한 반성
- 배움에 대한 노력과 친밀한 인간관계

어느 교회(광진구에 위치한 은혜나눔교회)의 부설 연구소에서는 'Well living, Well leaving' 프로그램을 운영하고 있습니다. 쉽게 얘기해 잘 살고 잘 떠나는 여행을 말하는 것입니다. 우리가 끝으로 가는 여행을 하는 것 같지만 새로운 여행을 시작하는 것입니다. 우리는 죽어가는 것이 아니라 새로운 세계와 새로운 삶을 위해 사라져 갈 뿐입니다. 좋은 것을 심고, 감사하고, 용서하며, 베푸는 삶과 내려놓고, 사랑하며, 즐기는 삶, 그리고 결코 포기하지 않고 할 수 있을 때 용기를 가지고 학습하는 삶은 새로운 삶을 위해 값진 준비를 하는 일이요, 이 세상에서 저 세상으로의 여행을 위해 사라져 가는 삶의 준비가 될 것입니다.

산다는 것은 누구의 말처럼 왜 사느냐고 물으면 그저 빙그레 웃을 수밖에 없는 것입니다. 영원히 아름다움을 간직하며 떠나고 싶으면 아름다운 마음을 가지십시오. 영원히 행복을 간직하며 떠나고 싶으면 행복한 마음을 가지십시오. 행복과 아름다움은 나눌수록 커지는 것이고 한없이, 마름 없이 솟아나는 축복이기 때문입니다.

살다 가면 빚진 것이 많은데, 떠나기 전에 갚고 가는 것이 마땅한 일이지만 갚지 못하고 떠날 때 하늘에서 그 사람들을 다시 만난다면 어떻게 할 것인지를 생각할 필요가 있습니다. 물질적 빚도 그렇지만 마음의 빚은 더더구나 그리 해야 합니다. 다음 여행을 위해 마음을 비우고 가볍게 떠나는 것이 아름답기 때문입니다. 이 점에서 이 세상 살다 죽으면 그만이고 끝이라고 생각하는 사람은 어리석은 사람입니다.

우리 삶의 여행은 우리의 뜻이 아니라 보내졌고 시간이 되면 떠나야 되는 약속의 여행입니다. 그리고 그 약속은 하늘나라로 새로운 여행을 향해 갈 때 분명 이 세상을 어떻게 살았는지에 따라 열매로 나타나게 됩니다. 삶의 여행을 걷는 우리의 삶 가운데 사랑과 절제와 인내와 영적 맑음이 함께 할 때 약속의 여행은 분명 보낸 이의 뜻에 맞게 지켜진 여행이 될 것입니다. 100년의 여행 끝의 약속은 하늘로 가는 새로운 여행이 될 것입니다.

삶의 여행은 목적이 있는 여행이 되어야 합니다. 여러분의 삶의 목표는 무엇입니까? 500만 부가 팔린 《난쟁이 피터》의 실제 주인공인 피터는 아주 가난한 집안에서 술주정뱅이 아버지 밑에서 자란 아이였습니다. 피터는 너무 힘든 가정생활을 탈피하여 가출한 후 노숙자가 되었습니다. 키가 작고 못생기고 가난한 피터에게는 일생동안 친구 한 명이 없었습니다. 그러나 어느 날 독실한 기독교 신자인 크리스티나 선생님을 만나 목적이 있는 삶을 갖게 되었습니다. 그는 믿음과 희망을 버리지 않는 목적 있는 삶을 통해 하버드 법대에 진학하게 되고 변호사가 되었습니다. 그가 하버드 대학에서 강연을 마친 다음 날 뉴욕타임즈의 일면에 톱으로 '목적 있는 삶은 아름답습니다.' '여러분은 여러분이 생각하는 것보다 불행하지 않습니다.' '노숙자의 희망 피터' 라는 감동의 기사가 실렸습니다.

자기 스스로를 떠나지 않고, 가두지 않으며, 목적이 있는 삶의 여행을 하기는 쉽지 않습니다. 삶은 끝없는 자기와의 싸움인 것입니다. 그러나 많은 사람들이 자신의 삶의 여행보다는 남의 삶의 여행에 관심을 둔 나머지 분쟁과 미움과 시기와 아픔을 자초하는 경우도 많습니다. 삶의 여행의 주인은 이 세상에 우리를 보내신 이요, 보내신 이의 뜻 가운데 이루어지는 삶의 두 번째 주인은 자신인 것입니다.

삶의 여행은 우리를 보내신 이가 연출하지만 배우 역할을 하는 사람은 자신입니다. 아름다운 여행을 위해 달을 따서 가슴에 품을 수도 있고, 별 밭을 걸을 수도 있고, 백만 송이 장미 향 속에 묻힐 수도 있습니다. 그러한 삶의 여행은 또 다른 여행을 위해서 아름다운 달빛과 먼 꿈을 꿀 수 있는 별 밭을 가꾸며 아름다운 준비를 할 수 있습니다. 삶은 자기와의 직면이고 자기의 재탄생이기 때문입니다. 남녘땅 한 아이의 100년 후 여행도 이렇게 다른 여행을 위해 준비하고 있기 때문입니다. 그럴 때 100년의 여행 뒤에는 하늘로 가는 새로운 여행이 시작될 것입니다. 산다는 것은 연습 없는 100년의 여행이고 쉴 수없이 꿈을 꾸는 여행이기 때문입니다. 그리고 새로운 여행은 100년의 여행을 다시 보며  두 갈래 길 중 한 길로 가는 여행이기 때문입니다.

청춘이 나에게 인생을 묻는다면



1쇄 인쇄 | 2015년 5월 08일
1쇄 발행 | 2015년 5월 20일

저　　자 | 이현청
편　　집 | 이윤지

디 자 인 | 김미영
인　　쇄 | 미래상상

발 행 처 | 카모마일북스(카모마일북스는 (주)출판저널문화미디어의 단행본 브랜드입니다.)
발 행 인 | 정윤희
주　　소 | 서울시 서대문구 대현동 67-5 대현빌딩
전　　화 | 02-313-3062~3
팩　　스 | 02-313-8860
출판등록 | 제 312-2009-000025호(2009년 5월 4일)
이 메 일 | journal1987@hanmail.net
홈페이지 | www.publishingjournal.co.kr

ISBN 978-89-98024-25-9 03800
값 13,000원


* 인문, 예술, 문화분야의 책을 출판하는 단행본브랜드 '카모마일북스'는 우리사회에 향기로운 책을 내고자 노력하고 있습니다.